MONOGRAFIAS VOL. IV

VILÉM/FLUSSER/
DA DÚVIDA

É Realizações
Editora

BIBLIOTECA/VILÉM/FLUSSER/

Monografias Vol. IV

Da Dúvida

Copyright © 1964 by Vilém Flusser.
Todos os direitos reservados.

Copyright da edição brasileira
© 2018 É Realizações Editora

Editor
Edson Manoel de Oliveira Filho

Idealização e revisão técnica
Rodrigo Maltez Novaes

Organização
Rodrigo Maltez Novaes
Rodrigo Petronio

Produção editorial
É Realizações Editora

Preparação de texto
Jane Pessoa

Revisão
Mariana Cardoso

Capa
Chagrin

Diagramação
Nine Design Gráfico | Mauricio Nisi

Reservados todos os direitos desta obra. Proibida toda e qualquer reprodução desta edição por qualquer meio ou forma, seja ela eletrônica ou mecânica, fotocópia, gravação ou qualquer outro meio de reprodução, sem permissão expressa do editor.

CIP-Brasil. Catalogação na Publicação
Sindicato Nacional dos Editores de Livros, RJ

F668d

Flusser, Vilém, 1920-1991
Da dúvida / Vilém Flusser. - 1. ed. - São Paulo : É Realizações, 2018.
200 p. ; 21 cm. (Biblioteca Vilém Flusser)

ISBN 978-85-8033-341-1

1. Crença e dúvida. 2. Filosofia. I. Título.

18-49222   CDD: 125.1
                      CDU: 165.43

Meri Gleice Rodrigues de Souza - Bibliotecária CRB-7/6439
23/04/2018   27/04/2018

É Realizações Editora, Livraria e Distribuidora Ltda.
Rua França Pinto, 498 São Paulo SP
04016-002
Caixa Postal: 45321 04010-970
Telefax: (5511) 5572 5363
atendimento@erealizacoes.com.br ·
www.erealizacoes.com.br

Este livro foi impresso pela Pancrom Indústria Gráfica em agosto de 2018. Os tipos são da família Code Pro e Jenson Recut. O papel do miolo é o Lux Cream 70 g, e o da capa, Cartão Supremo 250 g.

REFUNDAR A RAZÃO
RODRIGO PETRONIO /7

INTRODUÇÃO /9

1. DO INTELECTO /23

2. DA FRASE /37

3. DO NOME /61

4. DA PROXIMIDADE /81

5. DO SACRIFÍCIO /99

POSFÁCIOS

VILÉM FLUSSER E *DA DÚVIDA*
CELSO LAFER /111

**VILÉM FLUSSER COMO PONTO
DE RUPTURA DO ATUAL SISTEMA
BRASILEIRO DE FILOSOFIA**
ACERCA DA OBRA *DA DÚVIDA*
TEXTO IMPOSSÍVEL
JULIO CABRERA /127

**ENSAIO SOBRE O ÓDIO –
APOLOGIA À DÚVIDA**
SORAYA GUIMARÃES HOEPFNER /175

REFUNDAR A RAZÃO

RODRIGO PETRONIO

Este é um livro de epistemologia, mas também uma tentativa de resposta à perplexidade diante da condução do pensamento moderno às suas últimas consequências. Esse anacronismo deliberado, para usar a expressão de Georges Didi-Huberman, explicita-se no título desta edição que preserva a preposição *de* com o artigo ou pronome demonstrativo feminino *a*, à maneira dos tratados dos séculos XVII e XVIII: *Da Dúvida* (1964-1965). Por que esse recurso ao deslocamento temporal? Se a dúvida é um dos fundamentos da filosofia, o ato de duvidar da dúvida abre-nos um imenso campo de investigação acerca das condições de possibilidade mesmas do pensamento reflexivo. Todo racionalismo moderno, seja oriundo de Kant ou de Descartes, demonstrou que as demandas da verdade exigem uma aliança entre contingência e racionalidade. Neste ensaio, o gênio maligno de Flusser parece tocar a ferida dessas teses racionalistas. Pretende demonstrar a tautologia presente na dedução transcendental. E também a circularidade do recurso ao *cogito*, entendido como substância fundadora do processo cognoscente.

Semelhante às demais obras escritas por Flusser nos anos 1960, temos uma abordagem ancorada na fenomenologia e nas filosofias da existência. Contudo esses métodos servem a Flusser como meios de atingir uma relativização global dos acessos à verdade. Tensionando-se conscientemente entre transcendentalismo e empirismo, que chancelam as bases do pensamento moderno desde o século XVII, Flusser pretende superar essas antinomias. Para tanto, é preciso renovar a ontologia. Mas também é preciso pensar a ontologia a partir de um ponto de vista das contingências gramaticais. O intelecto é posto em suspensão por meio da fenomenologia. Em alternativa ao universalismo da linguagem de Wittgenstein e à generalização da diferença ontológica de Heidegger, Flusser escava uma gramática do pensamento nas frases e nomeações do mundo. Ou seja: uma ontologia fundada nas determinações formais de cada língua.

Nesse sentido, o racionalismo moderno adquire uma amplitude maior do que o corte geracional que lhe apomos e que lhe deu ensejo. Da mesma maneira, a dúvida deixa de ser uma solução final para o percurso cognoscente. Tampouco se converte em uma nova fé, formada a partir de sua duplicação, a dúvida na dúvida. Torna-se um *medium* de realização do pensamento cujo intuito é preservar e reestruturar a estrutura do intelecto e da razão. Para tanto, o conceito deixa de assumir o papel matricial de fim das operações abstratas. Passa a ser concebido como conjunto de *media* implicados no percurso do sentido. Inverte-se assim a prioridade racionalista da mente em relação ao mundo. Encontra-se aqui *in nuce* a profunda conexão que une a fenomenologia, ferramenta da fase inicial da obra de Flusser, às especulações ulteriores na área de ontologia dos *media*, à arqueologia dos meios e à antropologia da comunicação.

INTRODUÇÃO

They also serve who only stand and wait.

John Milton, 1652

A dúvida é um estado de espírito polivalente. Pode significar o fim de uma fé, ou pode significar o começo de uma outra. Pode ainda, se levada ao extremo, institucionalizar-se como "ceticismo", isto é, como uma espécie de fé invertida. Em dose moderada estimula o pensamento. Em dose excessiva paralisa toda a atividade mental. A dúvida como exercício intelectual proporciona um dos poucos prazeres puros. Como experiência moral ela é uma tortura. A dúvida, aliada à curiosidade, é o berço da pesquisa, portanto de todo conhecimento sistemático. Em estado destilado mata toda curiosidade e é o fim de todo conhecimento.

O ponto de partida da dúvida é sempre uma fé. Uma fé (uma "certeza") é o estado de espírito anterior à dúvida. Com efeito, a fé é o estado primordial do espírito. O espírito "ingênuo" e "inocente" crê. Ele tem "boa-fé". A dúvida acaba com a ingenuidade e a inocência do espírito e, embora possa produzir uma fé nova e melhor, esta não mais será "boa". A ingenuidade e a inocência do espírito se dissolvem no ácido corrosivo da dúvida. O clima de autenticidade se perde irrevogavelmente. O processo é irreversível. As tentativas de espíritos corroídos pela dúvida de reconquistar a autenticidade, a fé original, não passam de nostalgias frustradas. São tentativas de reconquistar o paraíso. As "certezas" originais postas em dúvida nunca mais serão certas autenticamente. A dúvida metodicamente aplicada produzirá, possivelmente, novas certezas, mais refinadas e sofisticadas, mas essas novas certezas nunca serão autênticas. Conservarão sempre a marca da dúvida que lhes serviu de parteira.

A dúvida pode ser, portanto, concebida como uma procura de certeza que começa por destruir a certeza autêntica para produzir certeza inautêntica. A dúvida é absurda. Surge, portanto, a pergunta: "Por que duvido?". Essa pergunta é mais fundamental que a outra: "De que duvido?". Trata-se, com efeito, do último passo do método cartesiano, a saber: trata-se de duvidar da dúvida. Trata-se, em outras palavras, de duvidar da autenticidade da dúvida em si. A pergunta: "Por que duvido?" implica outra: "Duvido mesmo?".

Descartes, e com ele todo pensamento moderno, parece não tomar este último passo. Aceita a dúvida como indubitável. A última certeza cartesiana, incorruptível pela dúvida segundo Descartes, a saber: "Penso, portanto sou", pode ser reformulada: "Duvido, portanto sou". A certeza cartesiana é, portanto, autêntica, no sentido de ser ingênua e inocente. É uma fé autêntica na dúvida. Essa fé caracteriza toda a Idade Moderna, essa Idade cujos últimos instantes presenciamos. Essa fé é responsável pelo caráter científico e desesperadamente otimista da Idade Moderna, pelo seu ceticismo inacabado, ao qual falta tomar o último passo. À fé na dúvida cabe, durante a Idade Moderna, o papel desempenhado pela fé em Deus durante a Idade Média.

A dúvida da dúvida é um estado de espírito fugaz. Embora possa ser experimentado, não pode ser mantido. Ele é sua própria negação. Vibra, indeciso, entre o extremo: "Tudo pode ser duvidado, inclusive e dúvida" e o extremo "Nada pode ser autenticamente duvidado". Com o fito de superar o absurdo da dúvida, leva esse absurdo ao quadrado. Oscilando, como oscila, entre o ceticismo radical (do qual duvida) e um positivismo ingênuo radicalíssimo (do qual igualmente duvida), não concede ao espírito um ponto de apoio para fixar-se. Kant afirmava que o ceticismo é um lugar de descanso para a razão, embora não seja uma moradia. O mesmo pode ser afirmado quanto ao positivismo ingênuo. A dúvida da dúvida impede esse próprio descanso. O espírito tomado por essa quinta-essência da dúvida está, em sua indecisão fundamental, numa situação de vaivém que a análise de Sísifo feita por Camus ilustra apenas vagamente. O Sísifo de Camus é frustrado, em sua correria absurda, por aquilo dentro do qual corre. Daí o problema básico camusiano: "Por que não me mato?". O espírito tomado pela dúvida da dúvida é frustrado por si mesmo. O suicídio não resolve a sua situação, já que não duvida suficientemente da dubiedade da vida eterna. Camus nutre ainda a fé na dúvida, embora essa fé periclite nele.

"Penso, portanto sou." Penso: sou uma corrente de pensamentos. Um pensamento segue a outro, portanto sou. Um pensamento segue a outro por quê? Porque o primeiro pensamento não basta a si mesmo, porque exige outro pensamento. Exige outro para certificar-se de si mesmo. Um pensamento segue outro porque o segundo duvida do primeiro, e porque o primeiro duvida de si mesmo. Um pensamento segue o outro pelo caminho da dúvida. Sou uma corrente de pensamentos que duvidam. Duvido. Duvido, portanto sou. Duvido que duvido, portanto confirmo que sou. Duvido que duvido, portanto duvido que sou. Duvido que duvido, portanto sou independentemente de qualquer duvidar. Assim se afigura, aproximadamente, o último passo da dúvida cartesiana. Estamos num beco sem saída. Estamos, com efeito, no beco que os antigos reservaram a Sísifo.

A mesma situação pode ser caracterizada por outra corrente de pensamentos: Por que duvido? Porque sou. Duvido, portanto, que sou. Portanto duvido que duvido. É o mesmo beco visto de outro ângulo.

Este o lado teórico da dúvida radical. Tão teórico, com efeito, que até bem pouco tempo tem sido desprezado com razão como um jogo fútil de palavras. Tratava-se de um argumento pensável, mas não existencialmente vivível (*erlebbar*). Era possível duvidar teoricamente da afirmativa "sou", e era possível duvidar teoricamente da afirmativa "duvido que sou", mas essas dúvidas não passavam de exercícios intelectuais intraduzíveis para o nível da vivência. Os poucos indivíduos que experimentaram vivencialmente a dúvida da dúvida, que autenticamente duvidaram das afirmativas "sou" e "duvido que sou" foram considerados loucos. A situação atual é diferente. A dúvida da dúvida se derrama, a partir do intelecto, na direção de todas as demais camadas da mente e ameaça solapar os últimos pontos de apoio do senso de realidade. É verdade que "senso de realidade" é uma expressão ambígua. Pode significar simplesmente "fé", pode significar "sanidade mental", e pode significar "capacidade de escolha". Entretanto o presente contexto prova que os três significados são fundamentalmente idênticos. A dúvida da dúvida ameaça destruir os últimos vestígios da fé, da sanidade e da liberdade, porque ameaça tornar o conceito "realidade" um conceito vazio, isto é, não vivível.

O esvaziamento do conceito "realidade" acompanha o progresso da dúvida e é, portanto, um processo histórico, se visto coletivamente, e um processo psicológico, se visto individualmente. Trata-se de uma intelectualização progressiva. O intelecto, isto é, aquilo que pensa, portanto aquilo que duvida, invade as demais regiões mentais para articulá-las, e as torna, por isso mesmo, duvidosas. O intelecto desautentica todas as demais regiões mentais, inclusive aquela região dos sentidos que chamamos, via de regra, de "realidade material". A dúvida da dúvida é a intelectualização do próprio intelecto. Com ela o intelecto reflui sobre si mesmo. Torna-se duvidoso para si mesmo, desautentica-se a si mesmo. A dúvida da dúvida é o suicídio do intelecto. A dúvida cartesiana, tal qual foi praticada durante a Idade Moderna, portanto a dúvida incompleta, a dúvida limitada ao não intelecto, acompanhada da fé no intelecto, produziu uma civilização e uma mentalidade para a qual a realidade encontrou refúgio dentro do intelecto. Trata-se de uma civilização e de uma mentalidade "idealista". A dúvida completa, a dúvida da dúvida, a intelectualização do intelecto, destrói esse refúgio e esvazia o conceito "realidade". As frases aparentemente contraditórias, entre as quais a dúvida da dúvida oscila – a saber: "Tudo pode ser duvidado, inclusive a dúvida" e "Nada pode ser autenticamente duvidado" –, se resolvem, nesse estágio do desenvolvimento intelectual, na frase: "Tudo é nada". O idealismo radical, a dúvida cartesiana radical, a intelectualização completa, desembocam no niilismo.

Somos a primeira ou a segunda geração daqueles que experimentam o niilismo vivencialmente. Somos a primeira ou a segunda geração daqueles para os quais a dúvida da dúvida não é mais um passatempo teórico, mas uma situação existencial. Enfrentamos, nas palavras de Heidegger, "a clara noite do nada". Nesse sentido, somos os produtos perfeitos e consequentes da Idade Moderna. Conosco a Idade Moderna alcançou a sua meta. Mas a dúvida da dúvida, o niilismo, é uma situação existencial insustentável. A perda total da fé, a loucura do nada todo-envolvente, a absurdidade de uma escolha dentro desse nada, são situações insustentáveis. Nesse sentido, somos a superação da Idade Moderna. Conosco a Idade Moderna se reduz ao absurdo.

Os sintomas dessa afirmativa abundam. O suicídio do intelecto, fruto da sua própria intelectualização, se manifesta em todos os terrenos. No campo da filosofia produz o existencialismo e a lógica formal, duas abdicações do intelecto a favor de uma vivência bruta e inarticulada, portanto o fim da filosofia. No campo da ciência pura produz a manipulação com conceitos conscientemente divorciados de toda realidade, tendendo a transformar a ciência pura em arte abstrata. No campo da ciência aplicada produz instrumentos conscientemente destinados a destruírem a humanidade e seus instrumentos, portanto instrumentos autodestruidores. No campo da arte produz a arte que se significa a si mesma, portanto uma arte sem significado. No campo da "razão prática" produz um clima de oportunismo imediatista, um *carpe diem* tanto individual como coletivo, acompanhado do esvaziamento de todos os valores.

Há, obviamente, reações contra esse progresso rumo ao nada. Essas reações são, entretanto, reacionárias no sentido de tentarem fazer retroceder a roda do desenvolvimento. São desesperadas. São tentativas de reencontrar a realidade nos níveis já esvaziados pelo intelecto em seu avanço. No campo da filosofia são caracterizadas pelo prefixo melhorativo "neo" (neokantianismo, neo-hegelianismo, neotomismo). No campo da ciência pura são caracterizadas por um esforço de reformular as premissas da disciplina científica em bases mais modestas. No campo da ciência aplicada são caracterizadas por uma esperança já agora inautêntica em uma nova revolução industrial, capaz, esta sim, de produzir o paraíso terrestre. No campo da arte resultam naquele realismo patético chamado "socialista", que não se chama a si mesmo de "neorrealista" por pura questão de pudor. No campo da "razão prática" assistimos a tentativas de uma ressuscitação das religiões tradicionais, e pululam as seitas de religiões inventadas *ad hoc* ou buscadas em regiões geográfica ou historicamente distantes. No campo da política e da economia ressurgem inautenticamente conceitos esvaziados e superados há muito, como, por exemplo, o conceito medieval da "soberania". Nesse campo buscam a realidade, já agora completamente inautêntica, no conceito do "sangue" (nazismo), da "classe" (marxismo) ou da "liberdade de empreendimento" (neoliberalismo), conceitos esses emprestados de épocas hipotéticas ou semi-hipotéticas passadas. Todas essas reações são condenadas ao malogro. Querem ressuscitar fés mortas ou inautênticas *ab initio*.

Embora seja o niilismo uma situação existencial insustentável, precisa ser tomado como ponto de partida para toda tentativa de superação. A inautenticidade das reações anteriormente esboçadas reside na sua ignorância (autêntica ou fingida) da situação atual da filosofia, da ciência pura e aplicada, da arte, do indivíduo dentro da sociedade e da sociedade em face do indivíduo. Reside na ignorância do problema fundamental: em todos esses terrenos, já agora altamente intelectualizados, a dúvida desalojou a fé e se perdeu o senso da realidade. Essa situação deve ser aceita como um fato, embora talvez não ainda como fato totalmente consumado. Resíduos de fé podem ser encontrados em todos esses terrenos, menores no campo da filosofia, maiores no campo da sociedade, mas resíduos condenados. Não é a partir deles que sairemos da situação absurda do niilismo, mas a partir do próprio niilismo, se é que sairemos. Trata-se, em outras palavras, da tentativa de encontrar um novo senso de realidade. O presente livro é uma contribuição modesta para essa busca no campo da filosofia.

Visto coletivamente, é o progresso da intelectualização, portanto o progresso da dúvida com seu consequente esvaziamento do conceito "realidade", um processo histórico. Por sua própria natureza manifesta-se com precedência no campo da filosofia, embora esteja acompanhado, surdamente, por desenvolvimento paralelo em todos os demais campos da situação humana. A vinda do niilismo foi, portanto, adivinhada e prevista por filósofos antes de qualquer outra camada. A palavra "niilismo" foi amplamente utilizada, num sentido muito próximo do presente, por Nietzsche. A busca de um novo senso de realidade no campo da filosofia não é, portanto, uma novidade. Não podemos, entretanto, afirmar que tem sido acompanhada até agora de um êxito retumbante. Surgiu, isto sim, uma nova maneira de filosofar, e novas categorias de pensamento. Foi introduzido o conceito "vontade" e o conceito aliado "vivência", ambos de cunho anti-intelectual. A especulação filosófica deslocou-se para o campo da "ontologia" (sinônimo pudico da metafísica ostensivamente desprezada), fato que, por si só, prova a procura de uma nova realidade. Por outro lado, aprofundaram-se estudos lógicos, a ponto de invadir a lógica o campo da própria "ontologia", fato que prova a preocupação da filosofia com uma nova interpretação do intelecto e sua função de produtor e destruidor de realidade. Entretanto, por revolucionários e criadores que sejam esses pensamentos, não chegaram a "convencer", no sentido de provocar um novo senso de realidade, uma nova "fé". Muito pelo contrário, contribuíram para o alastramento do niilismo, o qual pretenderam combater, já que eram intelectualizações, embora anti-intelectuais. A sua influência decisiva sobre a arte e a ciência (mais especialmente a psicologia) era conduzida a uma derradeira intelectualização de camadas até agora não invadidas pelo intelecto. Talvez por terem sido destruidores da velha realidade, contribuíram para o surgimento da nova, pelo menos negativamente.

Visto individualmente, é o progresso da intelectualização, portanto o progresso da dúvida, o abandono da fé original, da "boa-fé", em prol de uma fé melhor, a saber, de uma fé menos ingênua e inocente. A progressiva perda de senso de realidade que acompanha o progresso intelectual é experimentada, inicialmente, como libertação, como superação de preconceitos, e é, portanto, uma experiência exuberante. É, entretanto, acompanhada, desde o início, por um sentimento inarticulado, e portanto inconsciente, de culpa. Esse sentimento de culpa é compensado nas "fés melhores" que o intelecto cria para si no curso do seu avanço. Quando, por fim, o intelecto se vira contra si mesmo, quando duvida de si mesmo, o sentimento de culpa se torna consciente e articulado, e acompanhado da hesitação característica da dúvida suprema, domina a cena. Esse clima de hesitação e de culpa, ou seu lado avesso, o clima do *engagement* sem compromisso e escrúpulo, são, portanto, os sintomas dos filósofos mencionados. Embora a hesitação e o sentimento de culpa sejam mais honestos, intelectualmente, que o *engagement* e o fanatismo, são ambos basicamente atitudes de desespero. Atestam a perda da fé no intelecto, sem contribuir positivamente para uma superação da situação niilista na qual se encontram. Esta é a cena da filosofia atual.

O presente livro não nutre a ilusão de contribuir grandemente para modificar essa cena. Nasceu, ele próprio, da perda de fé no intelecto e não resultará em nenhuma fé autêntica nova. Tem, no entanto, a vantagem de nascer mais tarde. Em consequência perdeu os restos de ingenuidade e inocência que ainda caracterizam os pensamentos dos seus antecessores, ingenuidade e inocência essas relativas ao alcance do intelecto. O intelecto, isto é, aquilo que pensa e portanto duvida, tem sido exagerado inclusive por aqueles que nele perderam a fé. Embora muitos tenham ultimamente compreendido o caráter puramente formal do intelecto (como, aliás, o compreenderam já os empiristas dos séculos XVII e XVIII), essa compreensão nunca se tornou parte da vivência autêntica desses pensadores. Nunca, conforme creio, tem sido apreciada e sorvida vivencialmente a esterilidade do intelecto. Nunca, bem entendido, por pensadores, isto é, pelo próprio intelecto. O desprezo fácil e barato do intelecto, nutrido pelos sentimentais, pelos místicos primitivos e por aqueles que põem sua fé nos sentidos, nada tem a ver com a vivência aqui descrita. É a vivência intelectual da futilidade do intelecto. Não é, portanto, um abandono do intelecto, mas pode ser, muito pelo contrário, a superação do intelecto por si próprio.

O anti-intelectualismo de grande parte da filosofia atual é um erro e um perigo. É um erro porque confunde a fé no intelecto (abandonada acertadamente), com o enquadramento do intelecto numa fé em uma realidade nova a ser encontrada. E é um perigo porque propaga e aprofunda o niilismo que pretende combater. A vivência intelectual da esterilidade do intelecto, vivência essa que este livro se propõe a elaborar, torna o anti-intelectualismo uma atitude superada. Aquele que experimentou autenticamente em seu intelecto a futilidade do intelecto, nunca mais será anti-intelectual. Pelo contrário, essa vivência intelectual produzirá nele uma atitude positiva para com o intelecto, agora intelectualmente superado. Está numa situação comparável àquela que surge após o desencanto com uma grande soma de dinheiro. O acumular da soma era acompanhado de uma fé no poder salvador do dinheiro. A posse do dinheiro dissipou essa fé. Não surgiu ainda uma fé nova para substituir a perdida. Entretanto o dinheiro está disponível para servir a essa nova fé, se e quando encontrada. O anti--intelectualismo é prova da persistência de restos de fé no intelecto, e é superado com o desaparecimento desses restos.

A vivência da esterilidade do intelecto torna experimentáveis, embora não compreensíveis, os fundamentos dos quais o intelecto brotou e continua brotando. Fundamentos extraintelectuais, que o são por definição, não são alcançáveis intelectualmente. Não podem ser, portanto, autenticamente incluídos na disciplina da filosofia, que é uma disciplina intelectual. A tentativa de filosofar a respeito desses fundamentos é mais um erro de muita filosofia da atualidade. Entretanto justamente na sua eliminação do campo da filosofia reside a possibilidade de sua inclusão num campo mais apropriado. Essa eliminação é uma das tarefas deste livro.

Embora o intuito dessa corrente de pensamentos não possa ser a superação da situação existencial absurda na qual nos encontramos, embora não possa esperar ultrapassar o niilismo dentro do qual nos precipitamos, pretende iluminar-lhe alguns aspectos para tornar uma posterior superação mais viável. Esse intuito, em si só, já prova a existência de algo parecido remotamente com uma fé: a saber, uma esperança, embora precária, na possibilidade de uma superação, e portanto na sobrevivência daquilo que chamamos, muito inadequadamente, de civilização ocidental. A essa esperança o presente esforço está dedicado.

1. DO INTELECTO

Os exercícios mentais que fazem parte da disciplina da ioga começam pela "concentração". Aquele que, movido por curiosidade ou por descrença nos métodos ocidentais do conhecimento, compra uma *Introdução aos Segredos do Yoga* e ensaia esse primeiro exercício mental sofre um choque curioso. O livro recomenda, em síntese, a eliminação de todos os pensamentos, salvo um único arbitrariamente escolhido. Parece tratar-se, portanto, de uma recomendação de fácil execução. O choque de surpresa reside na incrível, ridícula e degradante ginástica mental que essa execução exige. Trata-se, com efeito, de uma ginástica equivalente em tudo às convulsões, repulsivas aos olhos ocidentais, que resultam dos exercícios corporais dos iogues. A nossa mente se destorce toda nesse esforço, como se destorcem os membros do corpo do iogue. Já não sabemos, quase literalmente, onde temos a cabeça. Via de regra, abandonamos esse primeiro estágio dos exercícios mentais, porque ofende os nossos cânones estéticos e o nosso senso de dignidade de pessoas inteligentes.

Qual é a razão da nossa revolta? Qual é a razão do nosso sentimento do inapropriado, ridículo e degradante que acompanha esse exercício aparentemente tão simples? É que o exercício da concentração desvenda, imediata e vivencialmente, a luta entre vontade e intelecto dentro da nossa mente, e pretende fortalecer a vontade contra o intelecto. A concentração é a invasão da vontade no território do intelecto. É a vontade que elimina todos os pensamentos, salvo um único. É o primeiro passo para a conquista e a destruição do intelecto pela vontade, meta da disciplina da ioga. Estamos, entretanto, por todas as nossas tradições, ligados à supremacia do intelecto, estamos profundamente empenhados em prol do intelecto em sua luta contra a vontade. A subordinação da vontade ao intelecto é, aos nossos olhos, o estado "natural" das coisas, portanto o estado bom, belo e certo. A luta da vontade contra o intelecto, a qual se afigura, para nós, como uma revolta, representa, para nós, individualmente, a luta da loucura contra as forças da sanidade, e coletivamente, a luta da irrupção "vertical da barbárie" contra as forcas civilizadoras. A vitória da vontade, por inimaginável que seja para nós, seria, aos nossos olhos, um acontecimento apocalíptico. A vitória das forças das trevas seria a inversão total da hierarquia dos nossos valores, a demência individual e o fim da sociedade civilizada.

O simples exercício da concentração nos põe em contato imediato e vivencial com uma civilização diferente da nossa, com uma hierarquia de valores diferente. O exercício da concentração não é um ato bárbaro e indisciplinado. Pelo contrário, é um procedimento bem organizado, de técnica apurada e de êxito pragmaticamente verificável. Tem todos os característicos de fazer parte de uma civilização equivalente à nossa. De uma civilização, entretanto, empenhada em prol de forças que são bárbaras aos nossos olhos. Bate-se pela vitória da vontade sobre o intelecto. Daí o nosso choque de surpresa, daí a nossa revolta.

Bem entendido: o nosso choque e a nossa revolta são existenciais, não especulativos. Especulativamente estamos, há muito, acostumados a encarar a luta entre intelecto e vontade com equanimidade. Já a era romântica exalta a vontade em detrimento do intelecto. Schopenhauer, influenciado, por certo, pela civilização indiana (embora seja duvidoso que jamais tenha tido sequer o choque existencial da concentração da ioga), concede, nas suas especulações, um papel ontologicamente primordial à vontade. Toda uma corrente da especulação filosófica dos séculos XIX e XX (quiçá a corrente mais característica) deserta a frente ocidental para juntar-se às forças da vontade. Mas trata-se, em todos esses fenômenos, de algo artificial e inautêntico. Trata-se de esforços intelectuais de abandonar o intelecto. Falta vontade a todos esses esforços de juntar-se à vontade. Do ponto de vista existencial, um único esforço de concentrar-se pelas regras da ioga vale mil tratados de Nietzsche ou Bergson. Ilumina, num raio de experiência imediata, aquilo que Nietzsche e Bergson (*inter alia*) pretendem, talvez sem autenticamente sabê-lo.

O exercício da concentração, justamente por ser tão contrário ao funcionamento "normal" (isto é, tradicional) da nossa mente, revela, de maneira simples e quase palpável, alguns aspectos do intelecto e da vontade. A situação é a seguinte: (Admito, de passagem, que tenho de recorrer à alegoria para descrever uma situação que ultrapassa o intelecto.) No centro da situação está o Eu. Esse Eu se manifesta de duas formas: *pensa* e *quer*. Quando a concentração começa, o Eu *pensa* uma multiplicidade de pensamentos, e todos eles correm como fios num tear. No centro corre o fio mestre, fortemente iluminado pela atenção (aparentemente irradiada pelo Eu). Ao redor do fio mestre correm fios auxiliares, às vezes acompanhando, às vezes cruzando, às vezes sustentando o fio mestre. Esses fios auxiliares vêm da escuridão além do cone luminoso da atenção, passam, fugazes, pela penumbra da periferia do cone, para perderem-se na escuridão novamente. Entretanto estão sempre presentes, porque o cone da atenção pode desviar-se do fio mestre para iluminá-los e torná-los, destarte, novos fios mestres. Simultaneamente, e por assim dizer no outro lado, o Eu *quer*, a saber: o Eu quer fazer parar o fio mestre e destruir todos os fios auxiliares. Em outras palavras, o Eu quer pensar um único pensamento. No final da concentração, se esta for bem-sucedida, a situação mudou radicalmente. O Eu continua no centro. Tem, em sua frente, um único pensamento, rígido, parado e morto. Não seria já exato dizer que o Eu pensa. O pensamento que o Eu tem agora está morto. Em redor desse pensamento morto está a vontade do Eu, agora completamente livre, tão somente ancorada dentro do pensamento morto. A sensação é a de uma força de vontade quase ilimitada que não tem objetivo. Essa vontade começa a girar em redor do pensamento morto, girando o próprio pensamento nesse processo. Surge, dessa maneira, um processo parecido ao pensar, mas governado pela vontade e não pelo intelecto. O Eu *medita*.

Para quem teve a experiência vivencial da concentração e da meditação incipiente, essa descrição da situação é satisfatória. Transmite em palavras, isto é, intelectualiza uma situação a rigor inarticulável por inintelectualizável. As palavras dessa descrição não são, portanto, simbólicas, como o são num discurso estritamente intelectual, mas são alegóricas. Não significam, mas evocam a situação descrita. Graças a essa evocação tornam a situação penetrável ao intelecto, tornam-na inteligível. Para quem, entretanto, nunca teve essa experiência, a descrição da situação está cheia de dificuldades e é, portanto, profundamente insatisfatória. Não tendo passado pela experiência inarticulada e bruta, deve tomar as palavras da descrição como símbolos unívocos, como tendo um significado exato. Do ponto de vista desse alguém, é forçoso admitir, esse esforço de intelectualizar uma situação inarticulada deve ser considerado como tendo fracassado. Essa consideração ilumina como o intelecto está encarcerado em si mesmo.

A descrição é intelectualmente insatisfatória porque, como toda alegoria, cai no antropomorfismo. Temos, na nossa situação, três personagens, por assim dizer, três deuses: o "Eu", o "Intelecto" e a "Vontade". Estamos, portanto, nos aproximando perigosamente da mitologia. É verdade que a própria ciência, aparentemente tão afastada da mitologia, não pode dispensar personificações alegóricas, como provam conceitos como "a Lei", "a Hereditariedade", "o Consumidor", etc., mas não é menos verdade que a desmitologização continua sendo um ideal da disciplina intelectual. Devemos, portanto, confessar que, a rigor, a nossa situação é intelectualmente impenetrável e inarticulável.

Isso não impede que certos aspectos dessa situação sejam articuláveis. Embora não possamos dizer nada intelectualmente satisfatório quanto às personagens alegóricas do "Eu" e da "Vontade", devendo, portanto, expulsá-las do território da discussão, isso não se aplica ao "Intelecto". Este, sim, pode ser perfeitamente desmitologizado. Com efeito, na própria alegoria não tem sido tanto personificado propriamente, mas coisificado. Tem sido comparado a um tear cujos fios são pensamentos. É preciso, tão somente, abrir mão da imagem do tear e dos fios, é preciso tão somente desmaterializar a imagem, e a alegoria desaparece. A descrição do intelecto torna-se simbólica, isto é, tendo um significado exato. Essa descrição é a seguinte: *O intelecto é o campo no qual ocorrem pensamentos*. O purista pode objetar que o conceito "campo" é, ele também, alegórico. Entretanto é um conceito empregado, em outro nível de significado, pela ciência exata. Não necessitando sermos mais realistas que o rei, manteremos a nossa descrição do intelecto como hipótese operante.

Se descrevermos o intelecto como o campo no qual ocorrem pensamentos, ultrapassaremos a afirmativa cartesiana "Penso, portanto sou" pelo menos por um passo. Conduziremos a dúvida cartesiana pelo menos um passo adiante. A nossa descrição do intelecto autoriza-nos a duvidar da afirmativa "Penso" e a substituí-la pela afirmativa: "Pensamentos ocorrem". A afirmativa "Penso" é a abreviação da afirmativa "Há um eu que pensa". O método cartesiano prova, tão somente, a existência de pensamentos, nunca de um Eu que pensa. Não autoriza a afirmativa "Penso". A afirmativa "Penso, portanto sou" é a abreviação da afirmativa "Há um Eu que pensa, portanto há um Eu que é". É uma afirmativa pleonástica, além de duvidosa.

O intelecto, descrito como campo no qual ocorrem pensamentos, é um conceito a um só tempo mais restrito e mais amplo que o conceito duvidoso do Eu. É um conceito mais restrito, porque o Eu (qualquer que seja sua realidade, já agora bastante esvaziada por nossa dúvida) não se esgota pensando. Por exemplo: o Eu também *quer*. O intelecto é um conceito mais amplo, porque o Eu não abrange todo o campo no qual ocorrem pensamentos. Mesmo se formos estender o âmbito do conceito Eu para incluir nele todos os Eus individuais (como fazem alguns psicólogos atuais), mesmo esse Super-Eu superduvidoso não abrange todo o campo no qual ocorrem pensamentos. Por exemplo: ocorrem pensamentos produzidos mecanicamente por instrumentos eletrônicos. O Eu, sendo um conceito a um só tempo mais amplo e mais restrito que o intelecto, é um conceito dispensável na consideração do intelecto. Deve ser eliminado da discussão do intelecto, não somente por sua dubiedade e pelas razões expostas durante a discussão da concentração, mas ainda pelo princípio da economia de conceitos, pelo princípio da "navalha de Occam". Essa eliminação é, entretanto, um ideal dificilmente realizável no presente estágio do desenvolvimento da discussão filosófica. Todos nós, inclusive este livro, estamos demasiadamente presos ao conceito do Eu, para podermos autenticamente abandoná-lo. Entretanto a libertação do Eu não é mais, como o fora há pouco tempo, um ideal reservado aos místicos. É alcançável pela especulação intelectual, como o demonstra o presente argumento.

O intelecto, descrito como campo no qual ocorrem pensamentos, dispensa a pergunta: "O que é o intelecto?". Um campo não é um *quê*, mas uma maneira *como* algo ocorre. O campo gravitacional da Terra não é algo, mas a maneira como se comportam corpos relacionados com a Terra. Da mesma forma é o intelecto a maneira como se comportam pensamentos. O intelecto é a estrutura dentro da qual e de acordo com a qual os pensamentos ocorrem. O intelecto não tem dignidade ontológica fora dos pensamentos, não é um Ser em si. Inversamente, não há pensamentos fora do intelecto. Para ocorrerem, os pensamentos devem ocorrer de alguma maneira, e essa maneira é o intelecto. Em breve, a pergunta "O que é o intelecto?" carece de sentido. É uma pergunta, ingênua e metafísica no sentido pejorativo dessa palavra, do tipo de perguntas "O que é Beleza?" ou "O que é Bondade?". Os intelectualistas e anti--intelectualistas são, ambos, prisioneiros desse tipo de metafísica ingênua. A pergunta que se impõe, esta sim, é a seguinte: "O que é um pensamento?". Da resposta a essa pergunta dependerá a nossa compreensão ou não do conceito "intelecto". É portanto a ela que devemos dedicar a nossa atenção no que se segue.

Para tanto, voltemos à consideração do exercício da concentração na ioga. Se contemplarmos aquilo que chamamos "pensamento" a partir do nosso ponto de vista "natural", "normal", isto é, tradicionalmente ocidental, este se nos afigurará como fenômeno psicológico, como algo dado íntima e imediatamente. Entretanto, se formos contemplar o pensamento dentro do exercício da concentração, este se apresentará como fenômeno externo, como uma coisa entre as coisas que perfazem o ambiente chamado "mundo". Desse ponto de vista, os pensamentos são vistos como uma teia densa e opaca que obstrui a nossa visão da realidade, mas através da qual se infiltra, refratada

1. DO INTELECTO

e peneirada, a luz dessa realidade. A teia dos pensamentos se afigura como uma camada que se introduz entre o "Eu" e a realidade, tapando a visão da realidade, apresentando indiretamente essa realidade ao "Eu" e representando essa realidade para o "Eu". As palavras "tapar", "apresentar" e "representar" são homônimas em alemão, a saber, *vorstellen*. A teia dos pensamentos é aquilo que Schopenhauer chama de *Vorstellung*, e o que ele contrasta com a "vontade". A teia dos pensamentos é, portanto, aquele véu tecido de ilusões que deve ser rasgado de acordo com o ensinamento hindu, e que lá é chamado de Maya.

Esse ponto de vista sobre o pensamento, por assim dizer, um ponto de vista de dentro para fora, proporciona a possibilidade de uma apreciação "objetiva", pois nele o pensamento é visto como sendo objeto, e não sujeito, da contemplação. Assim se torna fenômeno no sentido da fenomenologia husserliana, isto é, algo a ser intendido. Podemos, a partir desse ponto de vista, investir contra o pensamento e podemos investigá-lo. Descobriremos que o pensamento, longe de ser um fenômeno simples, é um complexo de elementos organizados entre si de acordo com regras fixas. Chamamos esses elementos de "conceitos", e as regras, de "lógica". O pensamento é uma organização lógica de conceitos.

Descobriremos, em segundo lugar, que o pensamento é um processo, e isso em dois sentidos. No primeiro sentido o pensamento é um processo que corre em busca de sua própria completação. Podemos conceber pensamentos interrompidos e, portanto, incompletos. O pensamento é um processo em busca de uma forma (*Gestalt*), é um processo estético. Alcançada essa forma, o pensamento adquire uma aura vivencial de satisfação, um clima de obra de arte completa e perfeita. Essa aura se chama "significado". O pensamento completo é significante. No segundo sentido é o pensamento um processo autorreprodutivo. Gera automaticamente um novo pensamento. Podemos distinguir cadeias de pensamentos, dentro das quais os pensamentos individuais formam elos. Essas cadeias estão unidas entre si como que por ganchos para formar o tecido do pensamento, no qual as cadeias de pensamento formam os fios. Um pensamento individual, embora completo esteticamente por ser significante, é, não obstante, carregado de um dinamismo interno que o impede de repousar sobre si mesmo. Esse dinamismo inerente do pensamento se manifesta numa tendência do pensamento a superar-se a si mesmo, abandonando-se nessa superação. Esse abandono do pensamento por si mesmo pode assumir diversas formas, mas aquela que conduz à formação de novos pensamentos, portanto a única que interessa no presente contexto, é, ela também, chamada "lógica". A lógica é, portanto, um conceito ambivalente. É o conjunto das regras de acordo com as quais o pensamento se completa, e é, ainda, o conjunto das regras de acordo com as quais o pensamento se multiplica.

A teia dos pensamentos pode ser, portanto, concebida como sendo um conjunto dinâmico de organizações de conceitos que absconde e revela a realidade, isto é, que introduz o Eu na realidade de maneira *destorcida* por suas próprias regras, ou que apresenta a realidade ao Eu destorcida pelas regras do pensamento. A realidade se apresenta através do pensamento como se apresenta porque assim é construída a teia dos pensamentos. A "realidade em si" não pode ser captada pela teia dos pensamentos, porque essa teia obedece a regras que lhe são inerentes. Nessa concepção corresponde a teia de pensamentos à "razão pura" de Kant, e as regras, às "categorias da razão pura" kantianas. É a concepção à qual estamos acostumados pela discussão filosófica clássica. Embora pareça ser uma concepção crítica do pensamento, embora pareça admitir limitações do intelecto, opera, não obstante, com o conceito do conhecimento como sendo *adaequatio intellectus ad rem*, adequação essa que nega em suas premissas. Admite, movida por fé ingênua no intelecto, que a realidade em si transparece pela teia dos pensamentos, ainda que *destorcida*; muito embora admita, simultaneamente, a impossibilidade de qualquer afirmativa em relação à realidade em si. É uma concepção que precisa ser abandonada.

Abandonando essa concepção clássica teremos, possivelmente, a primeira visão da força que impele a teia dos pensamentos. Essa teia pode ser concebida como sendo um único superpensamento enorme em busca de sua completação. Tal como se nos apresenta agora, incompleto e interrompido por nossa contemplação, não tem significado, como não o tem nenhum pensamento incompleto e interrompido. A força que impele a teia dos pensamentos é a busca do significado. É essa busca que se apresenta como sendo absurda, por ser frustrada pelo próprio caráter do pensamento. Nessa concepção, adquire o significado dos pensamentos individuais um papel secundário e parasitário. Os pensamentos individuais são significantes à medida que contribuem para o significado geral, em cuja busca a teia dos pensamentos se expande. São, portanto, significantes dentro do contexto da teia dos pensamentos. O fato de serem assim significantes contribui para a expansão da teia. A soma dos significados dos pensamentos individuais é a força da expansão da teia. Sendo, entretanto, inalcançável este último significado em direção ao qual os pensamentos tendem, são, nesse sentido, também insignificantes os significados dos pensamentos individuais. Continuam sendo, entretanto, significantes dentro de seu contexto. O abandono da fé no último significado do pensamento não acarreta, necessariamente, o abandono do uso pragmático dos significados dos pensamentos individuais. Nesse abandono do uso prático, nessa reação do "tudo ou nada", reside o erro e o primitivismo dos anti-intelectualistas.

1. DO INTELECTO

Reformulemos, à luz das considerações precedentes, a nossa concepção da teia dos pensamentos. É um conjunto dinâmico de organizações de conceitos que absconde a realidade no esforço de revelá-la ultimamente. É uma busca da realidade que começa pelo abandono da realidade. É um esforço absurdo. A teia dos pensamentos é, portanto, idêntica à dúvida, tal qual a discutimos na introdução a este livro. Se descrevemos o intelecto como sendo o campo dentro do qual ocorrem pensamentos, isto é, como o campo dentro do qual a teia dos pensamentos se expande, podemos agora condensar a nossa descrição, dizendo: *o intelecto é o campo da dúvida*.

2. DA FRASE

O ponto de vista que assumimos no capítulo anterior revela, por assim dizer, a anatomia e a fisiologia do pensamento. Revela o pensamento como organização de conceitos, e revela o funcionamento do pensamento. Consideremos o pensamento como organização de conceitos. A nossa investigação nos conduz, portanto, à próxima pergunta: "O que é conceito?". Embora se trate do elemento do pensamento, não dispomos de uma definição clara e unívoca do conceito "conceito". Essa circunstância é reveladora da fé inconfessa dos nossos pensadores no intelecto. Essa fé manda que o conceito seja algo que acompanhe (ou deva acompanhar) a palavra. O estudante ingênuo, em *Fausto*, diz: "*Doch ein Begriff muss bei dem Worte sein*" [Porém um conceito deve acompanhar a palavra]. Goethe compartilha da ingenuidade do estudante e distingue palavras acompanhadas e desacompanhadas de conceitos. Acha-se em excelente companhia. Todos os esforços para definir "conceito" são tentativas de parafrasear o seguinte artigo de fé: "Conceito é o fundamento inarticulado do qual surge uma palavra legítima". Por outro lado, o conceito não é *algo*, mas *de algo*. É, para falarmos em ter chão, o traço que uma "coisa" deixa no intelecto. Estamos, portanto, diante de uma situação curiosa. Na primeira concepção é a palavra o símbolo do conceito. Na segunda concepção é o conceito o símbolo da coisa. O conceito é, portanto, algo entre palavra e coisa. Algo completamente supérfluo, com efeito, introduzido somente no esforço de superar o abismo entre palavra e coisa. Não há conceito sem palavra. E dizer que há palavra sem conceito não passa de uma maneira superficial de falar. O que se quer dizer é que há palavras sem uma "coisa" correspondente (qualquer que seja o significado de uma afirmativa metafísica como esta). Não há, portanto, a rigor, palavra sem conceito. Há, isto sim, palavras incompreensíveis. Estas não são legítimas palavras, no sentido de não fazerem parte de uma frase significante. Mas esse é um problema que surgirá mais tarde. Basta, para o momento, constatar que não há palavras sem conceitos, nem conceitos sem palavras, e que, em consequência, "conceito" e "palavra" são sinônimos no sentido lógico. Emocionalmente diferem, cabendo ao "conceito" o papel de conciliador com a fé no intelecto, mas logicamente coincidem. Podemos, portanto, por questão de economia, abandonar o uso da palavra "conceito" em prol da palavra "palavra". O pensamento é, portanto, uma organização de palavras.

Com essa reformulação deslocamos toda consideração do pensamento, e com ela a consideração do intelecto, para um terreno completamente diferente, para o terreno adequado, com efeito. O que antes pode ter sido interpretado como um exercício psicológico, ou uma especulação metafísica, adquire agora o seu lugar exato dentro das disciplinas de pesquisa: a preocupação com o pensamento, a consideração do intelecto é a disciplina da língua. Se o elemento do pensamento é a palavra, então o pensamento passa a ser uma organização linguística, e o intelecto passa a ser o campo no qual ocorrem organizações linguísticas. Se descrevemos o pensamento como processo, podemos, já agora, precisar de que tipo de processo se trata: é a articulação de palavras. Essa articulação não necessita de órgãos ou instrumentos para se processar. Esses órgãos e instrumentos podem ser empregados *a posteriori* para produzir essa articulação secundária que é a língua falada ou escrita. A articulação primária, a língua não expressa, o "falar baixo", é idêntica à teia dos pensamentos. As regras de acordo com as quais os pensamentos se formulam e se propagam são as regras da língua. "Lógica" e "gramática" passam a ser sinônimos no mesmo sentido no qual o são "conceito" e "palavra". Se definirmos "língua" como "campo no qual se dão organizações de palavras", "língua" passa a ser sinônimo de "intelecto". O estudo do intelecto, estudo da língua que é, passa a ser disciplina rigorosa.

Nesse ponto do argumento é preciso introduzir uma ressalva. Os estudos linguísticos, tais como os conhecemos presentemente, não sabem distinguir entre a língua primária e a secundária, entre a língua pura e a língua expressa, aplicada. Misturam, em consequência, aspectos puros, formais e estruturais da língua com aspectos próprios da língua

2. DA FRASE

aplicada. Consideram, por exemplo, a palavra ora como símbolo (aspecto puro), ora como grupo de fonemas (aspecto aplicado). Consideram a história da palavra ora como o conjunto de suas modificações quanto ao significado (aspecto puro), ora como conjunto de suas modificações quanto à sua forma sensível (aspecto aplicado). Tratam de descobrir leis de acordo com as quais as regras gramaticais se desenvolvem (aspecto puro), e tratam de descobrir leis de acordo com as quais se desenvolvem novas formas de palavras (aspecto aplicado). Em consequência, reina uma confusão fundamental nos estudos linguísticos atuais. Embora não seja sempre fácil distinguir entre língua pura e aplicada pela íntima relação que existe entre ambas, essa distinção é sempre possível. Ela precisa ser feita, e o estudo da língua precisa ser dividido de acordo com ela. A parte que se ocupa da língua aplicada precisa ser relegada ao terreno das ciências naturais, e pouco ou nada terá a ver com os problemas do pensamento. A outra parte formará aquilo que Dilthey chamava de "ciência do espírito" (*Geisteswissenschaft*), com a diferença que será uma ciência despsicologizada. Será uma ciência tão exata ou pouco exata, quanto o são as ciências naturais. Essa ciência da língua pura está, por ora, somente *in statu nascendi*. Os estudos dos logicistas formais, como Carnap e Wittgenstein, e as experiências verbais dos existencialistas, como Heidegger e Sartre, não passam de primeiras aproximações de uma instituição dessa ciência. Devemos continuar, portanto, com a nossa investigação do pensamento sem o apoio decisivo dessa disciplina a ser instalada.

Definimos o pensamento como uma organização de palavras. As ciências linguísticas chamam organizações de palavras de "frases". "Pensamento" e "frase" são, portanto, sinônimos, como o são "conceito" e "palavra". *O intelecto é o campo no qual ocorrem frases.* A análise da frase e a análise das relações entre frases equivalem à análise do intelecto. Esbocemos a análise da frase:

Grosso modo, podemos distinguir na frase-padrão cinco órgãos: (1) sujeito; (2) objeto; (3) predicado; (4) atributo e (5) advérbio. (4) e (5) são complementos de (1), e (2) respectivamente de (3). Podemos, portanto, dizer que, basicamente, a frase-padrão consiste no sujeito, no objeto e no predicado. O sujeito é aquele grupo de palavras dentro da frase a respeito do qual a frase vai falar. O objeto é aquele grupo de palavras em direção ao qual a frase se dirige. O predicado é aquele grupo de palavras que une sujeito e objeto. Essa descrição da frase é, sem dúvida, uma excessiva simplificação da situação. Há frases enormemente complexas que consistem em uma série de frases e subfrases interligadas com uma riqueza de complementos e aditivos de análise difícil. E há frases defectivas, nas quais faltam aparentemente o sujeito, o objeto e até o predicado. Entretanto, mesmo assim simplificada a frase-padrão, a análise da frase revelará o aspecto fundamental do processo chamado "pensamento".

2. DA FRASE

A frase tem, pois, dois horizontes: o sujeito e o objeto. Ela é um processo que se projeta de um horizonte rumo ao outro. Mais exatamente: algo se projeta na frase de um horizonte, que é o sujeito, rumo ao outro horizonte, que é o objeto, e esse algo é o predicado. A frase é um projeto dentro do qual o projétil (o predicado) se projeta do sujeito em demanda do objeto. Sujeito e objeto, horizontes que são do projeto, não participam propriamente de sua dinâmica. São as partes estáticas do projeto. O predicado, a missiva, o "míssil" que se projeta ao longo do trajeto que une sujeito e objeto para formar o projeto, é a verdadeira mensagem da frase. Nele devemos procurar o significado da frase. Dada a importância da análise da frase para a compreensão do intelecto, será necessário considerarmos cada um dos seus órgãos um pouco mais atenciosamente.

Consideremos primeiro as implicações do fato de termos definido a frase como sendo um projeto. Isso facilitará a compreensão da função dos órgãos dentro do organismo da frase. A palavra "projeto" é um conceito com o qual a filosofia existencial opera (*Entwurf*). De acordo com essa escola de pensamentos, estamos aqui (= existimos) porque para cá fomos jogados (*geworfen*). Duas situações podem resultar desse nosso estarmos jogados para cá: podemos continuar caindo passivamente para dentro do mundo das coisas que nos envolve e oprime, caindo em direção à morte; ou podemos virar-nos contra as nossas origens das quais fomos jogados, transformando as coisas que nos envolvem em instrumentos a testemunhar a nossa passagem por elas, podemos projetar-nos. A primeira situação, a da decadência, os existencialistas chamam de inautêntica; a segunda situação, a do projeto, chamam de autêntica. Não cabe aqui a discussão do mérito dessa visão da existência. Cabe, isto sim, a consideração de que, tendo definido a frase (isto é, o pensamento) como projeto, enquadramos organicamente o conceito "pensamento" dentro dessa visão. Com efeito, não somente enquadramos o pensamento dentro da visão existencialista, como ainda libertamos o existencialismo do opróbrio de anti-intelectualismo que sobre ele paira. O pensamento (a frase) não é simplesmente *um* entre os projetos pelos quais nos projetamos contra o nosso estarmos jogados para cá. O pensamento é, com efeito, *o* nosso projeto mestre, o padrão de acordo com o qual todos os demais projetos secundários se realizam. O pensamento é um projeto por ser a maneira pela qual a existência se projeta contra as suas origens. Vemos aqui, sob outro prisma, o aspecto da absurdidade, da antifé, da dúvida, que é o pensamento. Mas a palavra "projeto" adquire, nesse contexto, uma qualidade que não tem nas discussões existencialistas. Torna-se analisável. Para os existencialistas é o projeto uma vivência acompanhada de um clima (*Stimmung*). No presente contexto continua sendo vivência (todos a temos ao termos pensamentos), e é, não obstante, acessiva à análise. Prossigamos com ela.

2. DA FRASE

O sujeito, ponto de partida do projeto que é a frase, é considerado, por si só, o detrito de uma frase anterior. É o que restou de um pensamento já perfeito e realizado. É o elo que une a frase a ser projetada com a frase que lhe antecedeu, imediata ou mediatamente. Embora tenha sido predicado como sujeito em uma frase anterior, ou embora tenha sido alcançado como objeto em uma frase anterior, não está esgotado. Falta mais algo a ser predicado a seu respeito, ou falta mais algo a ser nele alcançado. Esse algo deve ser predicado no novo projeto que está sendo projetado. A frase é, portanto, um projeto que pretende predicar sucessivamente tudo a respeito do seu sujeito, até esgotá-lo. Somente se for conseguido esse esgotamento completo do sujeito, somente se for predicado tudo a seu respeito, poderá ser considerada uma cadeia de pensamentos como sendo completa. É uma tarefa absurda, tanto prática como teoricamente.

O objeto, meta do projeto que é a frase, é aquilo contra o qual o projeto investe, o que o projeto procura, o que investiga. Se alcançado em cheio, será como que engolido pelo sujeito, podendo figurar como atributo do sujeito numa frase subsequente.

O predicado, centro do projeto que é a frase, une dentro de si, numa síntese dialética, a tese do sujeito com a antítese do objeto, e essa síntese é justamente a frase. Essa união entre sujeito e objeto alcançada pelo predicado é chamada "significado da frase".

Para podermos compreender melhor a função de cada um dos órgãos da frase, como foi esboçada, visualizemos a situação:

Tomemos como exemplo a frase: "O homem lava o carro". Nessa frase "o homem" é sujeito, "o carro" é objeto e "lava" é predicado. O sujeito "o homem" irradia o predicado "lava" em direção ao objeto "o carro". A frase tem, portanto, a forma (*Gestalt*) de um tiro ao alvo. O sujeito ("o homem") é o fuzil, o predicado ("lava") é a bala, o objeto ("o carro") é o alvo. Podemos ainda visualizar a situação comparando-a com uma projeção cinematográfica. O sujeito ("o homem") é o projetor, o predicado ("lava") é a imagem projetada, o objeto ("o carro") é a tela de projeção. Creio ser de suma importância para a compreensão do intelecto a visualização da forma (*Gestalt*) da frase. Os psicólogos comparativos afirmam, ao tentar explicar o mundo efetivo das aranhas, que esse mundo se reduz a acontecimentos que se dão nos fios da teia. Acontecimentos que se dão nos intervalos entre os fios da teia não participam do mundo efetivo ("real = *wirklich*") da aranha, mas são potencialidades, são o vir-a-ser da aranha. São o fundo inarticulado, caótico, "metafísico", de uma aranha filosofante. A aranha-filósofo afirma, nega ou duvida dos acontecimentos metateicos, a aranha-poeta os intui, a aranha-criador se esforça por precipitar tudo sobre os fios da teia, para tudo compreender e devorar, e a aranha-místico se precipita para dentro dos intervalos da teia para, numa união mística,

2. DA FRASE

fundir-se no tudo e libertar-se das limitações da teia. A aranha é um animal sumamente grato à psicologia comparativa, porque dispõe de uma teia visível. Os demais animais, inclusive o homem, devem contentar-se com teias invisíveis. A teia do homem consiste em frases. A forma (*Gestalt*) da teia humana é a frase. Visualizando a frase, estaremos visualizando a teia do mundo efetivo, real, *wirklich* para o homem, estaremos visualizando a estrutura da "realidade".

Detenhamo-nos, mais um instante, na aranha. O que acontece nos fios da teia? Acontecem moscas, outras aranhas, e catástrofes que rasgam os fios. E no centro da teia, acontecimento inalcançável teicamente, a própria aranha secretora da teia e dona da teia, livre de deslocar-se ao longo dos fios para devorar moscas, copular com outras aranhas, combater outras aranhas e consertar estragos introduzidos na teia por catástrofes. Podemos, portanto, distinguir, basicamente, as seguintes modalidades ontológicas, as seguintes formas do Ser: mosca, outra aranha, catástrofe destruidora, e, com toda a sua problemática teica, a própria aranha. A aranha civilizada no sentido ocidental tenderá a menosprezar a diferença entre mosca e outra aranha, considerando a outra aranha como uma espécie de mosca, tenderá a explicar as catástrofes destruidoras da teia como sendo supermoscas que não podem ser suportadas pela teia (provisoriamente, já que a teia cresce e se fortifica e acabará suportando moscas de todo tamanho), e tenderá a considerar o mundo

PÁG. 47 metateico como um reservatório, um vir-a-ser de moscas. A aranha-materialista ensinará que a mosca é a tese e a própria aranha, a antítese do processo dialético que se desenvolve nos fios da teia, e será alcançada a última síntese quando a própria aranha tiver devorado todas as moscas.

A aranha hegeliana afirmará que a aranha pressupõe a mosca e que o processo dialético é uma progressiva aracnização do mundo moscal, portanto fenomenal, e que, assim, o devorar da mosca equivale à realização da mosca. A mosca devorada sendo a mosca realizada é a última síntese, a total realização, por aracnização, das moscas. A aranha heideggeriana considerará a mosca a ser devorada como a condição (*Bedingung*) da situação aranhal, e o cadáver da mosca já chupada como testemunho (*Zeug*) da passagem da aranha pelo mundo moscal. Esses três tipos de especulação ocidental, e outros semelhantes, são caracterizados por um aracnismo extremo, já que aceitam a teia como fundamento da realidade sem discutir a própria teia. O aracnismo é inevitável para as aranhas, mas a discussão da teia é aranhamente possível. Essa discussão torna viável uma visão mais apropriada não somente da mosca, mas da própria aranha.

Voltemos à teia humana, exemplificada na frase "o homem lava o carro". Indiscutivelmente a situação é mais complicada do que na teia da aranha. Acontecem nela palavras ("moscas") de tipos diversos, a saber: sujeito, predicado e objeto. Não

2. DA FRASE

obstante, o paralelo pode ser mantido. O nosso mundo efetivo, real, *wirklich*, se esgota em palavras de um daqueles tipos diversos. O resto é o mundo caótico, inarticulado do vir-a-ser, que nos escapa pelas malhas da nossa teia, intuível talvez poética ou misticamente, mas realizável tão somente em palavras organizadas de acordo com as regras da nossa teia. Para ser real, tudo precisa assumir a forma de sujeito, ou objeto, ou predicado de uma frase. Aquilo que Wittgenstein chama de *Sachverhalt*, isto é, o comportamento das coisas entre si, e aquilo que Heidegger chama de *Bewandnis*, isto é, o acordo existente entre as coisas, não passa da relação entre sujeito, objeto e predicado. O nosso mundo das coisas reais, isto é, a teia das nossas frases, é organizado, é um cosmos, é um *Sachverhalt* e tem uma *Bewandnis*, porque são assim construídas as nossas frases. É evidente que cada língua particular, se for do tipo flexional, tem uma construção de frases ligeiramente ou mais que ligeiramente diferente. Portanto a cada língua particular corresponde um *Sachverhalt* e uma *Bewandnis* diferentes, um cosmos diferente. O que estamos discutindo no curso destas considerações é, *sensu stricto*, o cosmos que corresponde à língua portuguesa. Dado o parentesco estrutural entre as línguas flexionais, pode ser aplicado, com certas reservas, a todos os *cosmoi* das línguas flexionais.

Tentando visualizar a forma da frase, estamos, com efeito, tentando visualizar o cosmos da nossa realidade, estamos investigando o *Sachverhalt* real e procurando saber que *Bewandnis* tem. Se visualizamos a frase como um tiro ao alvo ou como uma projeção cinematográfica, estamos, com efeito, visualizando assim o nosso cosmos. Ao dizer que a frase consiste em sujeito, objeto e predicado organizados entre si em forma de um projeto comparável ao tiro ou à projeção, estamos dizendo, com efeito, que a nossa realidade consiste em sujeitos, objetos e processos assim organizados. A análise lógica da frase é uma análise ontológica da realidade.

Assim como se comportam as palavras dentro da frase "o homem lava o carro", assim se comportam as coisas na realidade. Toda investigação ontológica deveria, portanto, partir da análise da frase. Como a aranha deveria considerar a sua teia antes de qualquer consideração de moscas, se quiser evitar um aracnismo ingênuo, assim devemos considerar, antes de mais nada, a estrutura da frase, se quisermos evitar a atitude ingênua chamada "humanismo" em nossos dias. Essa estrutura nos é dada pela língua dentro da qual pensamos tão irrevogavelmente quanto é dada a teia no caso da aranha. Querer fugir da estrutura da realidade em sujeito, objeto e predicado é querer precipitar-se, num suicídio metafísico, para dentro das malhas da nossa teia. Uma realidade consistente somente em sujeitos (loucura parmenideana), ou somente em objetos (loucura platônica), ou somente em predicados (loucura heracliteana), é exemplo dessa fuga suicida. Por incômoda que possa ser, devemos aceitar a tríplice ontologia como um dado imposto pela língua. O resto é metafísica, portanto, silêncio.

Sujeito, objeto e predicado são, portanto, as formas do Ser que perfazem a nossa realidade. Consideremos o sujeito. Ele é o detonador da frase. Não basta a si mesmo, precisa da frase para enquadrar-se na realidade. O sujeito, no nosso exemplo "o homem", carece de significado, se considerado isoladamente. É um detrito de uma frase anterior, por exemplo, da frase "Isto é um homem". É um detrito, entretanto, carregado de força explosiva. Devido a essa carga está se tornando sujeito. Essa carga explosiva é a sua procura de significado. Procurando significar, isto é, procurando um lugar dentro da estrutura da realidade, a palavra "o homem" torna-se sujeito de uma frase. Procura um *Sachverhalt* que tenha uma *Bewandnis*. Em outras palavras, procura ser predicado em direção a um objeto. "O homem" considerado isoladamente, fora de uma frase, é uma procura, uma interrogação, e deveria ser escrito, a rigor, "o homem?". O sujeito, o fundamento da frase, aquilo que Aristóteles e os escolásticos chamavam de *substantia*, é um ser em busca de um objeto para realizar-se. Carece de algo contra o qual se possa projetar num predicado.

Consideremos esse algo, isto é, o objeto. No nosso exemplo a palavra "o carro". É aquilo que barra o projeto do sujeito, é o obstáculo que dá a sua procura por terminada. Opõe-se à procura do sujeito, e nessa oposição dá sentido a essa procura. Define o sujeito dentro de uma situação, dentro de um *Sachverhalt*, que é a frase. Limita o sujeito, dando-lhe, por isso mesmo, um lugar dentro do esquema da realidade. Realiza o sujeito. Mas, pelo mesmo processo, torna-se realizado. Considerado isoladamente, fora da frase, é o objeto algo ainda não encontrado, mas que deve ser encontrado. O objeto, fora da frase, é um imperativo, um dever do sujeito, e deveria ser escrito, no nosso exemplo, a rigor, "o carro!". Quando alcançado pelo sujeito, o imperativo do objeto se funde com o interrogativo do sujeito no indicativo do *Sachverhalt*, que é a frase. O projeto da frase, interrogativo se visto subjetivamente, imperativo se visto objetivamente, é uma indicação, se visto como *Sachverhalt*, isto é, como um todo.

Se considerarmos a nossa realidade do ponto de vista do sujeito, daquele ponto de vista que podemos chamar de "excentricidade subjetivista", ela se apresentará como uma única enorme procura e interrogação, uma busca de significado. Essa excentricidade subjetivista caracteriza, por exemplo, o pensamento romântico. Se considerarmos a nossa realidade do ponto de vista do objeto, que podemos chamar de "excentricidade objetivista", ela se apresenta como um único enorme obstáculo, uma barreira categórica que nos determina e sobre nós impera. Essa excentricidade objetivista caracteriza, confessa ou inconfessa, por exemplo, o pensamento marxista. A aparente dicotomia entre as duas

2. DA FRASE

excentricidades se dissolve na visão da frase inteira, na qual tanto sujeito como objeto têm *"Bewandnis"*. A realidade se apresentará, desse ponto de vista, como uma indicação, isto é, uma articulação, uma organização linguística que supera, no *"Sachverhalt"* entre sujeito e objeto, o interrogativo e o imperativo. O objeto alcançado pelo sujeito na frase desvenda a eterna querela entre deterministas e indeterministas como sendo uma querela entre excêntricos, como uma querela nascida de uma falsa gramática.

As palavras "sujeito" e "objeto", se consideradas etimologicamente no sentido de "língua pura" (conforme indiquei mais acima), não deveriam dar margem a muita confusão. "Sujeito" é aquilo que está no fundo do projeto (*sub-jectum*). "Objeto" é aquilo que obsta o projeto (*ob-jectum*). Entretanto ambas palavras fazem parte, há milhares de anos, da conversação filosófica e têm sido, portanto, utilizadas fora do seu contexto autêntico, que é a gramática. Dessa forma deram origem a múltiplas especulações metafísicas que devem ser conduzidas ao absurdo, se as palavras forem recolocadas no seu contexto. Por exemplo, a distinção entre "objeto real" e "objeto ideal", ou a identificação de "sujeito" com "Eu" ou com "Deus". Trata-se, nos exemplos citados e em outros, de simples erros de sintaxe. Espero que a presente discussão possa contribuir para a eliminação desses erros e para a recolocação de ambas as palavras em seu contexto estruturalmente certo, isto é, em seu contexto dentro da estrutura das línguas flexionais.

A oposição entre sujeito e objeto dentro da frase é superada pelo predicado. O predicado estabelece o "*Sachverhalt*" entre sujeito e objeto. O predicado ocupa, portanto, a posição central dentro do projeto que é a frase. A própria palavra "predicado" exige uma investigação ontológica paciente que ultrapassa de longe o escopo deste livro. Surgiu da palavra "dizer" e tem parentesco próximo com as palavras "predizer" (isto é profetizar) e "prédica". É uma palavra intimamente ligada a todos os problemas ontológicos que se agrupam ao redor das palavras "dizer", "falar" e "língua". A consideração do predicado nos conduz ao próprio âmago da língua. Sujeito e objeto são os horizontes da frase, portanto da língua, mas o predicado é o centro, a essência da frase, portanto da língua. Embora estejamos condenados, pela estrutura da língua, a uma ontologia tríplice (sujeito, objeto, predicado), cabe ao predicado uma importância ontológica primordial. Consideremos o predicado.

O predicado, no nosso exemplo "lava", esforça-se para unir, dentro da frase, o sujeito com o objeto num "*Sachverhalt*", isto é, esforça-se para integrar o sujeito e o objeto na estrutura da realidade. Trata-se, entretanto, de um esforço por definição absurdo. O sujeito e o objeto não são integráveis na estrutura da realidade. Exemplifiquemos esse absurdo: "O homem" é real porque "lava", é portanto real somente conquanto "lava". O "carro" é real porque "o homem o lava", portanto somente conquanto "o homem o lava". A realidade

2. DA FRASE

do "homem" e do "carro" está no "lava". "O homem" é o lado subjetivo, "o carro", o lado objetivo da realidade que é o predicado "lava". Entretanto "o homem" e "o carro" transcendem a realidade que é o predicado "lava". Podemos verificar essa transcendência estabelecendo um outro "*Sachverhalt*" entre o mesmo sujeito e o mesmo objeto, isto é, predicando um outro predicado, por exemplo "o homem guia o carro". Agora o mesmo "homem" e o mesmo "carro" se realizam numa realidade diferente, que é o predicado "guia". O que nos autoriza a dizer que se trata nessas duas realidades do "mesmo" sujeito e objeto? Eis uma pergunta típica e "eterna" da filosofia clássica e que tem dado origem à inúmeras metafísicas e epistemologias. Entretanto, dentro do presente contexto, a resposta é simples e nada tem de misterioso. É uma pergunta puramente formal e diz respeito à sintaxe da língua que estamos pensando. Estamos autorizados a falar em "mesmo" sujeito e "mesmo" objeto porque em ambas as frases servem as mesmas palavras de sujeito e objeto. Resumindo, podemos dizer que o sujeito e o objeto, por poderem participar de diferentes "*Sachverhalte*," transcendem todos eles. E mais, já que o sujeito e o objeto podem participar de inúmeros "*Sachverhalte*," transcendem inúmeros "*Sachverhalte*." A realidade é o conjunto dos "*Sachverhalte*," isto é, o conjunto das frases. Portanto podemos dizer que o sujeito e o objeto transcendem a realidade, embora participando de inúmeros "*Sachverhalte*." A realidade dos "*Sachverhalte*" está nos seus predicados.

A filosofia clássica conhece o conceito do "pensar predicativo". Reconhece a limitação do intelecto de poder "captar" (*erfassen*) somente os predicados de um sujeito, e jamais o próprio sujeito. Como não coloca, entretanto, o problema dentro do contexto gramatical, perde-se a filosofia clássica em especulações estéreis. A limitação do intelecto é dada pela estrutura da língua, nesse caso específico da estrutura da frase em línguas flexionais. Essa estrutura, sendo tal qual é, resume-se à realidade de cada "*Sachverhalt*" no predicado de cada frase. Estritamente falando, podemos dizer, portanto, que *a realidade é a soma dos predicados de todas as frases articuláveis.*

Sujeito e objeto, horizontes que são da frase, formam os elos entre frases e garantem, dessa maneira, a continuidade da realidade. Por exemplo: "O homem lava o carro. Mais tarde, o homem guia o carro". Esses dois "*Sachverhalte*" participam do mesmo contínuo de realidade, porque as duas frases contêm o mesmo sujeito e objeto. Encarado o problema do fluxo da realidade desse ponto de vista gramático, a eterna querela entre Parmênides e Heráclito fica superada.

Sujeito e objeto, os "*onta*" imutáveis da especulação pré-socrática, transcendem o rio heraclitiano no sentido de participar dele somente para lhe garantir o fluxo. Não fazem, a rigor, parte do rio, não são "reais" no sentido pré-socrático. Justamente por serem imutáveis, isto é, não totalmente predicáveis,

2. DA FRASE

não são propriamente "*onta*". São os limites e as metas dos predicados.

O predicado "significa" o sujeito e o objeto. Dentro do predicado, o sujeito e o objeto adquirem significado. O predicado é o sujeito e objeto transformado em sinal, em signo. Fora da frase, "o homem" e "o carro" são símbolos sem significado, a procura de significado. Como sujeito e objeto da frase adquirem o significado "lava". Tornam-se signos graças ao "lava". Como símbolos, transcendem o "*Sachverhalt*", como signos, como tendo significado, participam dele. O "*Sachverhalt*" (a frase) é significante no sentido de transformar símbolos em signos. A realidade é o processo que transforma símbolos em signos, predicando símbolos. O sujeito e o objeto são o vir-a-ser da realidade, porque são o vir-a-ser da frase dentro da qual adquirirão significado.

Um dos mais poderosos pensadores brasileiros, Vicente Ferreira da Silva, advoga (se o compreendo bem) a reconquista da visão simbólica das coisas. Diz ele que o pensamento racional coloca as coisas num contexto (*Sachverhalt*) manipulável por esse próprio pensamento racional, e as violenta dessa maneira. A visão simbólica recoloca as coisas na totalidade autêntica que é a realidade. Doravante, em vez de conhecer e manipular as coisas, "reconhecê-las-emos". O que Ferreira da Silva advoga é, com efeito, o abandono do intelecto e da realidade tal qual ela se dá pelas frases das línguas flexionais. Advoga a queda para fora das teias das frases e para dentro do caos do vir-a-ser das frases, que são justamente os símbolos a serem significados em frases. Advoga algo irrealizável, por impensável, pelo intelecto regido pela estrutura das línguas flexionais. Advoga o "pensar simbólico", o "pensar sem frases", portanto o "pensar sem pensar", portanto o impossível. Ferreira da Silva é um exemplo das tentativas fáusticas e nobres de obviar o processo linguístico, de "captar" o sujeito e o objeto fora da frase, de encontrar um *"shortcut"* para a realidade. Completamente consciente da frustração do esforço intelectual no seu avanço de predicar sujeitos e objetos, é ele inconsciente da impossibilidade de obviar esse esforço. Passando por um estágio do balbuciar de símbolos como "o homem" e "o carro", deverá, portanto, desembocar num mutismo metafísico.

A frase é a única maneira, embora frustrada, pela qual símbolos se realizam, porque é a única maneira pela qual adquirem significado. É a única maneira, porque assim é construído o nosso intelecto. E é frustrada, porque o sujeito e o objeto são inexauríveis, não são totalmente predicáveis. O intelecto avança de frase em frase, portanto de predicado em predicado, num esforço para exaurir o sujeito e o objeto, para significar plenamente o sujeito e o objeto, sem jamais poder alcançar a sua meta. Avança de significado parcial em significado parcial em busca do significado total jamais alcançável. O pensamento

2. DA FRASE

é uma única frase inacabada, portanto jamais significante. *O pensamento é um único enorme predicado emitido por um sujeito jamais predicável em direção a um objeto jamais atingível.* Entretanto o pensamento é a única maneira de o sujeito adquirir significado e alcançar o objeto. Toda a nossa realidade reside nesse avanço do pensamento, que é o avanço da língua. A nossa realidade é uma frase inacabada e interminável em busca de um significado inalcançável do sujeito e do objeto transcendente da frase. Os significados parciais das frases subalternas que compõem a nossa realidade são o cosmos que já conquistamos ao caos do vir-a-ser, ao caos dos símbolos sem significado. Embora, portanto, seja o intelecto um esforço, frustrado, é ele um esforço produtivo. Com efeito, é ele o único esforço produtivo que nos é dado. A soma dos predicados parciais é a soma das nossas realizações. Bem entendido, nesse contexto "nós" é sinônimo de "língua". A soma dos predicados já articulados é a conversação que somos, e os predicados a serem articulados são o nosso significado.

A análise da frase equivale, conforme ficou dito, à analise do pensamento. O exemplo escolhido, a saber: "O homem lava o carro", é exemplo de uma frase excepcionalmente simples. A sua análise revela, portanto, somente aspectos grossos e pouco diferenciados do pensamento. Não obstante, revela o que é básico para a compreensão do pensamento. Condensando o que o presente parágrafo se esforçou por demonstrar, podemos afirmar o seguinte: O intelecto é o campo onde ocorrem pensamentos. Pensamentos são frases de uma dada língua flexional. São analisáveis em palavras de função diferente. As três funções mais importantes, as únicas ontologicamente decisivas, são as de sujeito, objeto e predicado. Sujeito e objeto são horizontes da frase no sentido de transcendê-la como símbolos, mas participam dela como signos significados pelo predicado. O intelecto pode ser redefinido, à luz desta análise, como o campo onde ocorrem predicados significando sujeitos e objetos. O intelecto é, portanto, o campo onde ocorre a busca predicativa de significado a partir do sujeito em demanda do objeto. Essa definição do intelecto é uma explicação da definição da qual o presente parágrafo partiu, a saber: o intelecto é o campo da dúvida. O caráter da dúvida tornou-se mais explícito. É a atividade linguística do predicar. As limitações da dúvida, isto é, as limitações do intelecto também se tornaram mais claras. São o sujeito e o objeto. Sujeito e objeto são palavras de um certo tipo. São nomes. As limitações do intelecto são nomes. As limitações da dúvida são nomes. As limitações da língua são nomes. A nossa investigação conduz, como próximo passo, à consideração de nomes.

2. DA FRASE

3. DO NOME

O propósito deste livro é a discussão do intelecto e suas limitações, com o fito de contribuir para a superação da situação atual da nossa civilização. Essa situação foi caracterizada, na introdução, como niilismo principiante, fruto de uma valorização excessiva do intelecto acompanhada de um desespero quanto à capacidade do intelecto de nos pôr em contato com a "realidade". No estágio atual do nosso desenvolvimento cultural estamos alcançando a intelectualização de todas as camadas de atividade mental, inclusive da camada do intelecto. Essa intelectualização do intelecto foi chamada, na introdução, de "dúvida da dúvida". O intelecto é a nossa única avenida de acesso à realidade, e essa única avenida está interditada pela intelectualização do intelecto. Daí o nosso niilismo. Para superar essa supervalorização do intelecto e esse desespero quanto ao intelecto, resolvemos tentar analisá-lo, em vez de abandoná-lo, como fazem tantos atualmente. Essa análise, por grosseira que possa ter sido, revelou as fronteiras do intelecto. Essas fronteiras nada têm de misterioso, de místico ou de sacro, pelo menos *prima facie*, como pretendem os que almejam a superação do intelecto num salto. As fronteiras que barram o avanço do intelecto rumo à "realidade", rumo a "Deus", não são arcanjos de espadas flamejantes a serem vencidos em luta. Nem são fúrias infernais a serem encantadas orficamente. Essas fronteiras são algo muito prosaico, a saber: os nomes. As últimas fronteiras do intelecto, o ponto no qual o intelecto para e deixa de funcionar, são nomes de um certo tipo, chamados nomes próprios. É a partir deles e contra eles que investe, em vão, todo esse processo chamado pensamento. A investigação desse tipo de palavras equivale, portanto, à investigação da limitação do intelecto, e equivale à investigação da condição humana, considerando o homem como ser inteligente.

A gramática tradicional, geralmente inconsciente de sua função ontologicamente fundamental, classifica as palavras de uma dada língua de acordo com uma suposta correspondência entre palavra e "realidade" (*adaequatio intellectus ad rem*). Distingue, por exemplo, substantivos, que correspondem com "substâncias", adjetivos, que correspondem com "qualidades", preposições e conjunções, que correspondem com "relações entre substâncias", verbos que correspondem com "processos entre substâncias", etc. A gramática tradicional é ingênua. Ela é anterior à dúvida da dúvida e está iluminada pela graça da fé no intelecto e na língua. A sua classificação de palavras, fruto dessa fé ingênua, precisa ser abandonada. O melhor é esquecer todos esses esforços devotos ao aproximarmo-nos do problema da classificação das palavras. Entretanto é evidente que as palavras precisam ser classificadas de alguma maneira. As palavras são os dados do intelecto. São a realidade intelectual. A classificação das palavras é a visão cósmica da realidade. As palavras classificadas são a "*Weltanschauung*" no senso estrito desse termo.

Se olharmos atentamente para as palavras, podemos distinguir dois tipos. A grande maioria das palavras está como que implantada dentro do húmus da língua, e é pensada e articulada organicamente dentro da engrenagem da língua. Há, no entanto, palavras que parecem não querer enquadrar-se tão organicamente. Exigem um esforço quase extralinguístico para serem pensadas e articuladas. Ao pensá-las estamos sentindo uma barreira, e ao articulá-las estamos tentados a grunhir, gritar ou fazer um gesto. São palavras do tipo "Isto aqui" ou "Aquilo lá". Chamemos palavras desse tipo de "palavras primárias" ou "nomes próprios". Chamemos todas as demais palavras de "palavras secundárias". Para distinguir a atividade intelectual que envolve o pensar e o articular dos nomes próprios da atividade que envolve o pensar e o articular das palavras secundárias, façamos distinção entre "chamar" e "conversar". Os nomes próprios são chamados, as palavras secundárias são conversadas.

Chamar e conversar são, portanto, as duas atividades intelectuais. Os nomes próprios são chamados para serem conversados, isto é, transformados em palavras secundárias. Essa transformação é gradativa. À medida que os nomes próprios são conversados, transformam-se em palavras secundárias sempre mais distantes de sua origem

3. DO NOME

primária. O primeiro estágio dessa transformação corresponde, vagamente, com o tipo de palavra que a gramática tradicional chama de "substantivo". São essas palavras em via de transformação, essas palavras secundárias próximas dos nomes próprios, que servem de sujeitos e objetos das frases. Vale a pena observar esse processo mais de perto.

Consideremos primeiro o chamar de um nome próprio. O campo que é o intelecto se expande, nesse processo, para ocupar um território dantes extraintelectual. O resultado dessa expansão é o surgimento de uma nova palavra que é o nome próprio ora chamado. O processo pode ser comparado com a alimentação da ameba. A ameba emite um pseudópode em direção a algo extra-amébico e o ocupa. Em seguida, já dentro da realidade amébica, forma-se um vacúolo em redor desse algo conquistado. Esse algo faz agora parte da ameba, sem estar inserido no seu metabolismo. O vacúolo se fecha e o algo se transforma, gradativamente, em ameba, isto é, em protoplasma, isto é, torna-se realidade amébica. Nessa imagem, corresponde a emissão do pseudópode à atividade do chamar, o vacúolo corresponde ao nome próprio, o algo dentro do vacúolo corresponde ao significado extralinguístico do nome próprio, e a digestão corresponde à conversação. A ameba como um todo corresponde à língua como um todo. A anatomia da ameba, que consiste em vacúolos e protoplasma, corresponde à nossa classificação de palavras em nomes próprios e palavras secundárias.

Insistindo um pouco mais sobre a imagem da ameba, podemos dizer que o território extra-amébico, dentro do qual a ameba emite os seus pseudópodes, é o vir-a-ser da ameba. A ameba é a realização, por protoplasmatização, desse território. A ameba se expande para dentro de suas potencialidades, que são, do ponto de vista da ameba, vacúolos em *statu nascendi*. Entretanto, acontece uma coisa curiosa. Embora a ameba possa ocupar toda possibilidade com seus pseudópodes, e possa formar um vacúolo em redor de toda possibilidade ocupada, não pode digerir todas as possibilidades. Por exemplo, um cristal de quartzo pode ser ocupado e encapsulado dentro de um vacúolo, mas não pode ser digerido. Todas as contrações do vacúolo resultam em vão, o cristal continuará sempre como corpo estranho dentro do protoplasma da ameba. O melhor seria expeli-lo. A não ser que o cristal sirva, justamente por ser corpo estranho, de estimulante dos processos metabólicos da ameba como uma espécie de catalisador.

Traduzamos essa imagem para o campo do intelecto. A língua pode emitir os seus chamados para dentro do seu vir-a-ser, que são os nomes próprios *in statu nascendi* em todas as direções possíveis. Tudo que é possível pode ser chamado. Esses apelos resultarão sempre em nomes próprios. Podemos dizer que tudo pode ser apreendido pelo intelecto. Entretanto, nem tudo pode ser transformado em palavra secundária. Nem tudo serve para ser utilizado como sujeito e objeto de uma frase significante. Nem tudo pode ser assimilado à engrenagem da língua. Nem tudo pode ser compreendido. Os nomes próprios inassimiláveis continuarão sempre como corpos estranhos dentro da estrutura da língua. Continuarão sendo apelidos. Um exemplo típico desses apelidos, desses nomes próprios inassimiláveis que são apreendidos sem jamais serem compreendidos, é a palavra "Deus". Como a estrutura química do protoplasma da ameba se recusa a assimilar um cristal de quartzo, assim a estrutura das nossas línguas se recusa a assimilar a palavra "Deus". Não obstante, justamente por ser inassimilável, pode, talvez, servir de catalisador dos processos linguísticos autênticos. Pode estimular a conversação, sem jamais poder participar autenticamente dela.

Eis uma nova limitação do intelecto que vem à tona. Embora tudo possa ser chamado de nome próprio, embora tudo possa ser apreendido (pelo menos em teoria), nem tudo pode ser compreendido pelo intelecto. *Nem tudo pode ser conversado.* Chegamos a essa conclusão não por alguma especulação mística, mas pela observação intraintelectual de corpos estranhos, que são os nomes próprios inaplicáveis a frases significantes. Não podendo servir de sujeitos e objetos de frases significantes, não se transformam esses nomes em palavras secundárias, e continuam apelidos, isto é, símbolos sem significado, símbolos vazios. Não obstante, podem ter importância, às vezes decisiva, para o processo intelectual.

A atividade do chamar é a única atividade produtiva do intelecto. Os nomes próprios são os produtos dessa atividade. A querela escolástica entre nominalistas e realistas, embora sendo ingênua ao extremo (já que é anterior à dúvida cartesiana), prova que a distinção entre nome próprio e palavra secundária, e o poder produtivo da atividade do chamar sempre foram reconhecidos pelos pensadores como sendo fundamental, embora confusamente. Antes de prosseguir com a nossa investigação, limpemos o nosso caminho dos detritos dessa querela escolástica. Os nominalistas (os que venceram) afirmam que os nomes próprios são "reais", enquanto as palavras secundárias são "hálitos da voz". Os realistas (os provisoriamente vencidos) afirmam que certos tipos de palavras secundárias (os *universalia*) são igualmente "reais". Desconsideremos o *background* platônico e aristotélico que se esconde atrás dessas afirmativas ingênuas, e consideremos tão somente o seu aspecto formal. Os nominalistas e seus sucessores, os empiristas, sentem a qualidade vivencial do nome próprio, embora sem poder captá-la intelectualmente, e sentem a falta dessa qualidade no caso das palavras secundárias. Por isso negam "realidade" a estas. Os nominalistas e empiristas são existencialistas embrionais. Os realistas sentem que os nomes próprios não são ontologicamente diferentes das demais palavras e não podem ser delas rigidamente diferenciadas, já que o processo intelectual reside justamente na transformação dos nomes próprios em palavras secundárias. Não

3. DO NOME

se resolvem, entretanto, a conceder a dignidade de "realidade" a todas as palavras, já que estão comprometidos, por sua fé ingênua, com uma realidade extralinguística. Em acordo tácito com a gramática tradicional, consideram, portanto, "reais" aproximadamente aquelas palavras que essa gramática chama de "substantivos". Não obstante a ingenuidade dos escolásticos, serve esta excursão de recreio para a Idade Média, para ilustrar de que maneira curiosa o nosso pensamento se volta para as origens pré-cartesianas no seu esforço de superar Descartes.

A qualidade vivencial que acompanha a atividade produtiva do chamar é conhecida por "intuição". O intelecto, ao chamar algo, intui esse algo. Para a compreensão intelectual da intuição é preciso libertar esse conceito das impurezas extraintelectuais que a ele se agarram. Intuição é sinônimo de expansão do intelecto para dentro das suas potencialidades. Ao intuir algo, transformo esse algo em nome próprio, portanto realizo esse algo dentro do intelecto. Sendo, entretanto, a intuição uma atividade fronteiriça do intelecto (*Grenzesituation*), adere a ela a vivência da barreira do intelecto. Daí a origem das impurezas extraintelectuais que se agarram a ela. É nesse sentido que podemos dizer que o intelecto se expande intuitivamente. Podemos, entretanto, definir melhor a intuição que resulta na produção de nomes próprios, já que se trata de uma intuição produtiva. Podemos chamá-la de "intuição poética".

Os nomes próprios são tirados, nessa atividade intuitiva, do caos do vir-a-ser para serem postos para cá (*hergestellt*), isto é, para serem postos para dentro do intelecto. Tirar para pôr para cá se chama em grego "*poiein*". Aquele que tira para propor, aquele que "produz", portanto, é "*poiétés*". A atividade do chamar, a atividade que resulta em nomes próprios, é, portanto, a atividade da intuição poética. A expansão do intelecto é a poesia. A poesia é a situação de fronteira do intelecto. Os nomes próprios são produtos da poesia. O esforço quase extralinguístico que o pensar e o articular dos nomes próprios exigem é o esforço poético. É um esforço, porque nele algo é produzido. E é poético porque esse algo são palavras novas.

Podemos, portanto, ampliar a nossa concepção do intelecto da seguinte maneira: *é ele o campo no qual ocorrem palavras de dois tipos: nomes próprios e palavras secundárias*. Esse campo se expande por intuição poética criando nomes próprios, nomes próprios a serem convertidos em palavras secundárias pela conversação. Podemos distinguir duas tendências dentro do campo do intelecto, uma centrípeta e a outra centrífuga. A força centrífuga é a "intuição poética", e a força centrípeta é a "conversação crítica". O resultado da "intuição poética" são os nomes próprios, o resultado da "conversação crítica" é a transformação desses nomes em palavras secundárias, ou a sua eliminação do campo do intelecto. Se o intelecto é o campo da dúvida, devemos dizer que a dúvida tem duas tendências:

3. DO NOME

a "intuitiva", que expande o campo da dúvida, e a "crítica", que o consolida. A dúvida intuitiva cria a matéria-prima do pensamento (nomes próprios), a dúvida crítica converte essa matéria-prima em organizações articuladas (frases significantes). A dúvida intuitiva é a poesia, a dúvida crítica é a conversação. Poesia e conversação, essas duas formas de dúvida, são, por isso mesmo, as duas formas da língua. No campo do intelecto ocorrem pensamentos (organizações linguísticas) de dois tipos: pensamentos poéticos e pensamentos conversacionais. No campo do intelecto ocorrem dois tipos de pensamentos: "versos" e "conversos".

Detenhamo-nos mais um pouco no pensamento do tipo poético, no pensamento criador dos nomes próprios, no pensamento intuitivo. Detenhamo-nos mais um pouco nos "versos". O "Verso" é a maneira como o intelecto se precipita sobre o caos inarticulado que o circunda, é o esforço do intelecto para quebrar o cerco do caos que o limita. O "verso" é, portanto, a situação limítrofe da língua. Pelo "verso" a língua tenta superar-se a si mesma. No "verso" a língua se esforça por articular o inarticulável, por tornar pensável o impensável, por realizar o nada. Se esse esforço for bem-sucedido, resultará o "verso" em nome próprio. O "verso" bem-sucedido é um proclamar de um nome próprio. O "verso" arranca um nome próprio ao caos e o verte em direção ao intelecto. O "verso" é um verter de um nome próprio. Não é, portanto, exato dizer que a poesia representa uma força exclusivamente centrífuga. O "verso" chama um nome próprio, e é centrífugo nessa fase. Mas, ao ser bem-sucedido, proclama o nome próprio e torna-se centrípeto nessa fase. O "verso" chama, e proclama. Há dentro dele, portanto, uma conversão de 180°. O poeta, ao chamar, está de costas para o intelecto, mas ao proclamar volta-se para ele. A intuição poética, ao se chocar contra o inarticulável, arranca dele o nome próprio e volta com essa conquista para o campo do articulado. Essa situação invertida e controvertida do "verso" forma um tema sempre recorrente dos mitos da humanidade. É Moises que volta do Monte Sinai para o vale da conversação, tendo arrancado as tábuas ao inarticulado. É Prometeu que volta do Olimpo para o vale da conversação, tendo arrancado o fogo ao inarticulado. São os Richis que voltam do alto, tendo arrancado os vedas do inarticulado. São três mitos típicos da atividade poética; nesses mitos podemos vislumbrar a vivência do "verso". É ele um choque criador do intelecto com o inarticulado, um choque que é um avanço e um retrocesso. O resultado desse choque é o enriquecimento do intelecto por um nome próprio. A língua ganhou, graças a esse choque, uma nova palavra.

O "verso" conserva, em sua "*Gestalt*," o estampo desse choque. O "verso" vibra. O nome próprio, incrustado dentro do verso como um diamante dentro do minério, cintila. Consideremos o "verso" com o qual voltou Moisés. "Eu sou Jeová teu Deus." Há uma aura de vibração e de luz em redor do nome próprio "Jeová". O nome próprio é "santo". Embora o exemplo escolhido seja um exemplo extremo, já que grande parte da conversação chamada "civilização ocidental" gira em torno desse "verso", devemos dizer que todo "verso" bem-sucedido participa dessa vibração e dessa luz. Todo nome próprio é "santo". A "santidade" é o estampo do choque que o intelecto sofre ao encarar o inarticulável, e todo nome próprio conserva esse estampo. A "santidade" é a vivência da limitação do intelecto e da sua capacidade absurda de ultrapassar essa limitação chamando e proclamando nomes próprios. Os nomes próprios são testemunhos da limitação e da expansibilidade do intelecto, e são, por isso mesmo, "santos".

O nome próprio, sendo limitação e expansão do intelecto, é absurdo. O que significa, afinal, "um verso bem-sucedido"? Significa um enriquecimento da língua, mas de forma nenhuma um empobrecimento do inarticulável. A língua se expandiu, mas o caos não diminuiu. A poesia aumenta o território do pensável, mas não diminui o território do impensável. A poesia, sendo a situação limítrofe da língua, evidencia brutalmente a absurdidade do esforço do pensamento. O inarticulável, ao ser penetrado pela poesia, demonstra o que é: inarticulável. E o nome próprio, justamente por ser uma conquista do intelecto, desvenda o abismo insuperável que separa o intelecto do inarticulável. A língua cresce, o inarticulável continua intocado. O intelecto é absurdo. O nome próprio é a prova palpável da absurdidade do intelecto. O nome próprio é a dúvida palpável. O nome próprio, sendo o alfa e o ômega do intelecto, é a jaula absurda dentro da qual giramos em círculos pequenos, como a pantera de Rilke. Esses círculos pequenos são a conversação. Consideremo-la.

A intuição poética verte o "verso" em direção à língua para ser conversado. O processo centrípeto da conversação submete o "verso" a uma análise crítica, integra o "verso" ao tecido da língua pela explicitação crítica, intelectualiza o "verso". Converte o "verso" em prosa. Dessacraliza, profana o "verso". A conversação é o processo da explicitação crítica, da intelectualização e da profanação do "verso". A conversação é a realização progressiva do projeto lançado pelo "verso" para dentro da língua. O "verso" é o tema, o "tópico" da conversação. A conversação tem por meta a explicitação total do verso e progride até exaurir totalmente o "verso". A conversação destrói progressivamente o mistério do "verso", lhe destrói o estampo do choque com o inarticulado. Pela conversação, o "verso" é convertido em prosa. A maneira prosaica do pensamento é o estilo da conversação. Com o progresso da conversação (se esta for bem-sucedida), desaparece o mistério poético e prevalece o clima prosaico. A conversação, sendo a tendência centrípeta do pensamento, é o afastar-se do pensamento do inarticulável e o

3. DO NOME

concentrar-se do pensamento sobre si mesmo. A conversação é a consolidação do pensamento. Graças à conversação o pensamento torna-se sólido. Sendo a conversação uma análise crítica do "verso", desdobra ela o "verso" em múltiplas camadas de significado, explicita o significado contido e escondido implícito no "verso". A conversação multiplica, ramifica, desdobra e especializa o pensamento. Graças à conversação o pensamento torna-se rico. As possibilidades intelectuais escondidas no "verso" são reveladas pela conversação. A conversação realiza essas possibilidades. A conversação é o desenvolvimento das possibilidades envolvidas no "verso". A conversação é um processo histórico. *Sensu stricto*, é a conversação idêntica com o conceito "história" no seu significado acessível intelectualmente. A história do mundo, a história da humanidade, a história de um povo, a história de uma instituição e de uma ideia, a história de uma pessoa ou de um evento, são, *sensu stricto*, histórias de fases de conversação ou da conversação como um todo. O "verso" se dá "*in illo tempore*", mas, ao ser vertido, dá origem ao tempo intelectualmente acessível. A conversação é o aspecto intelectual do tempo. O progresso da conversação, sendo o "nosso" progresso intelectual, é, para nós, idêntico ao progresso do tempo, o passado é o "conversado", o presente é o "conversando-se", e o futuro é o "a conversar". O sentido do progresso é, portanto, a explicitação, a dessacralização, a intelectualização e a realização do "verso". Desse ângulo, "progresso" e "decadência", "desenvolvimento" e "exaustão" tornam-se sinônimos. Do ponto de vista intelectual, a conversação é um progresso e um desenvolvimento, e do ponto de vista limítrofe da poesia, ela é uma decadência e uma exaustão. Formalmente considerada, é a conversação uma conversão de nomes próprios em palavras secundárias sempre mais afastadas do nome próprio, sempre mais abstratas. A conversação é um processo de abstração. Essa abstração se processa de acordo com regras impostas pela língua dentro da qual a conversação se desenvolve. No caso das línguas flexionais, essas regras podem ser identificadas, grosso modo, com "lógica". No caso da conversação chamada "civilização ocidental", as regras do progresso são lógicas (grosso modo). A lógica, *sensu stricto*, se aplica ao último estágio da conversação, ao último estágio de abstração, ao estágio da língua matemática. O progresso da conversação chamada "civilização ocidental" pode ser encarado como o progresso rumo à matemática. É a transformação de nomes próprios em sinais matemáticos. A conversação ocidental se esgotaria se todos os "versos" que lhe forem propostos fossem convertidos em equações matemáticas. Entretanto, como a intuição poética nunca cessa de propor "versos" à conversação, esse esgotamento é inimaginável. Outros tipos de línguas obedecem a outro tipo de regras. A história dessas outras conversações (por exemplo, a chinesa, que é do tipo isolante) tem, portanto, um caráter diferente da nossa.

3. DO NOME

A transformação de nomes próprios em palavras mais abstratas, tendo, em nosso caso ocidental, a sua transformação em sinais matemáticos por meta, é um processo que resulta em frases de diferentes níveis de abstração. O nome próprio proposto pelo "verso" passa por esses diferentes níveis de abstração, por essas diferentes camadas de linguagem, no curso de sua transformação. A conversação do nome próprio se processa em diferentes níveis de abstração, em diferentes níveis de intelectualização. As frases formuladas nesses diferentes níveis são outros tantos "conhecimentos". A conversação produz conhecimentos. A soma dos nossos conhecimentos é a soma das frases conversadas nos diferentes níveis de abstração. Ao serem transformados em palavras secundárias, são os nomes próprios conhecidos progressivamente. O progresso de conversação é o progresso do conhecimento. A transformação de um "verso" em equação matemática seria o conhecimento perfeito desse verso.

O fracionamento do conhecimento em diferentes níveis de abstração representa um problema epistemológico de primeira grandeza. Um nome próprio está sendo conversado simultaneamente em diferentes níveis de abstração, portanto em diferentes níveis de significado. A cada nível de significado corresponde uma disciplina mental (intelectual) diferente, com uma metodologia ligeiramente ou mais que ligeiramente diferente. Em nosso caso ocidental, corresponde a cada nível de significado uma ciência, ou uma arte, ou uma ética diferente. A visão global dos diferentes níveis de significado, meta da epistemologia, é obstada pelas dificuldades de tradução de nível para nível. O problema do conhecimento é, no fundo, um problema de tradução. O conhecimento especializado é resultado de tradução de um nome próprio para um dado nível de abstração. O conhecimento global seria resultado da tradução de todos os níveis de abstração para um nível neutro, por exemplo, o nível da linguagem filosófica. A lógica formal com sua linguagem *ad hoc* inventada é sinal de que a epistemologia está despertando para a sua função de tradução na fase atual da conversação ocidental. Esse fato em si pode ser interpretado como sintoma importante do esvaziamento do sentido de "realidade", da intelectualização do intelecto, da dúvida da dúvida, que caracteriza o estágio atual da nossa conversação, e da qual falei na introdução a este livro.

A intuição poética nunca cessa de propor nomes próprios à conversação. Não há sinais de um enfraquecimento da intuição na nossa conversação ocidental. Desse ângulo, não há como recear um esgotamento da civilização ocidental, pelo contrário, essa intuição irrompe para dentro da conversação em todos níveis de significado, o que, por si, é inquietador e de difícil avaliação. Existe a intuição poética na camada das diferentes ciências, e na própria camada da matemática. Nomes próprios são propostos nessas camadas, disfarçados em abstrações.

3. DO NOME

É difícil distinguir, por exemplo, na camada da física, quais as palavras secundárias, resultadas da conversação, e quais os nomes próprios (como, indubitavelmente, a palavra "campo"), resultados de intuição poética. A conversação ocidental não se esgotará por falta de intuição. O perigo de uma estagnação vem de outra direção. A nossa conversação atingiu um estágio, no qual o conversado volta a ser considerado como a conversar. A conversação começa a refluir sobre si mesma. Os conhecimentos articulados voltam a formar tópicos de conversação, voltam a ser a matéria-prima a ser conhecida. A dúvida crítica volta-se contra si mesma. Essa crítica da crítica (ou "dúvida da dúvida", como a chamei na introdução), exemplificada neste parágrafo pela lógica simbólica, representa um vórtice dentro da conversação ocidental, que ameaça mergulhá-la na conversa fiada. Se esse vórtice, que é uma autointelectualização do intelecto, conseguir atrair para si todas as camadas de significado da nossa conversação, como já conseguiu com grande parte da camada das ciências ditas "exatas", a nossa conversação girará em ponto morto. Em nada adiantará a intuição poética num estágio tão avançado, já que os nomes próprios não mais serão convertidos em palavras secundárias, mas girarão intactos no círculo vicioso. A dúvida da dúvida não permitirá a dúvida ingênua, a dúvida primária, aquela dúvida, portanto, que transforma nomes próprios. A dúvida da dúvida, já que duvida da dúvida, é incapaz de duvidar do duvidável. A conversação ocidental cairá na repetição tediosa, no "eterno retorno do mesmo" nietzschiano. A história do Ocidente terá se encerrado.

Esse refluxo da conversação sobre si mesma, que é uma reflexão de segundo grau, uma especulação secundária, é, no fundo, um abandono da intuição poética. Embora possa resultar num anti-intelectualismo tão característico de muitas tendências atuais, não se trata de um anti-intelectualismo em busca das origens do intelecto (que são a intuição poética), mas em busca de um salto para fora do círculo vicioso, que, para esses pensadores, é o intelecto. É nesse abandono da intuição poética que reside o perigo fundamental da dúvida da dúvida. Ela rejeita o intelecto *in toto*, inclusive a fase centrífuga, a fase poética do intelecto, para mergulhar de forma suicida na "vivência", no inarticulado. A dúvida da dúvida é a antipoesia. Não se precipita *sobre*, mas *dentro* do inarticulado. Emudece. Esse mutismo é o abismo que se abriu em nossa frente. O nome próprio, essa fonte misteriosa da língua, esse memento da limitação do intelecto, é ao mesmo tempo o memento da função do intelecto. A dúvida da dúvida, deslumbrada pela limitação do intelecto que é o nome próprio, esquece a função do intelecto que é o nome próprio. A dúvida da dúvida é resultado da perda da fé na dúvida, da perda da fé na possibilidade de crítica do nome próprio. Não acreditando na possibilidade da crítica do nome próprio, abandona paradoxalmente o nome próprio. A saída dessa situação é, ao

3. DO NOME

meu ver, não a reconquista de fé na dúvida, mas a transformação da dúvida da dúvida em fé no nome próprio como fonte de dúvida. Em outras palavras, é a aceitação da limitação do intelecto com a simultânea aceitação do intelecto como a maneira *par excellence* de chocarmo-nos contra o inarticulável. Essa aceitação seria a superação tanto do intelectualismo como do anti-intelectualismo, e possibilitaria a continuação da conversação ocidental, embora num clima mais humilde. Possibilitaria a continuação do tecer da teia maravilhosa que é a conversação ocidental, embora sem esperança de captar dentro dessa teia a rocha do inarticulável. Seria o reconhecimento da função dessa teia: não captar a rocha, mas revestir a rocha. Seria o reconhecimento que o intelecto não é um instrumento para dominar o caos, mas é um canto de louvor ao nunca dominável. O nome próprio não é o resultado de um esforço intelectual, mas de um choque entre intelecto e o indominável. O nome próprio é a síntese do intelecto com o de tudo diferente. O nome próprio, e por procuração toda palavra, é o Nome santo. O reconhecimento dessa fonte misteriosa de toda palavra pode ser o início de um novo senso de "realidade". Um renascer do senso da proximidade do de tudo diferente dentro do intelecto. Um renascer do senso da função do intelecto, e, nesse sentido, da função da nossa existência.

4. DA PROXIMIDADE

Deslumbrado ante o de tudo diferente, oprimido e esmagado por ele, mas também propelido ao seu encontro por suor e desejo de união, o intelecto nascituro se prostra. Mais exatamente é a prostração ante o de tudo diferente o nascimento do intelecto. É difícil captar esse tremendo mistério que é o nascimento do intelecto. Ao fazer essa tentativa trememos, porque ela é a tentativa de uma descida até as nossas raízes. É o que Goethe chama, em *Fausto*, de "descida para junto das mães". Não obstante o nosso tremor (que é pavor e euforia), é necessária essa descida para quem, como nós neste empreendimento, deseja conquistar um novo senso da função do intelecto.

Aconteceu *"in illo tempore"*, e está acontecendo sempre de novo, que aquilo que é de tudo diferente de nós como seres pensantes se vira contra si mesmo para encarar-se. Sabemos muito intimamente desse acontecimento fundamental, porque nós, como seres pensantes, somos justamente esse virar-se do de tudo diferente contra si mesmo. O de tudo diferente é de tudo diferente de nós devido a esse virar-se. Nós somos a alienação do de tudo diferente de si mesmo. Nós, como seres pensantes, somos a dúvida que o de tudo diferente fez surgir, virando-se contra si mesmo. Já que somos dúvida, inclinamo-nos para a pergunta: Por que se deu essa virada? Por que continua dando-se? É a pergunta original, demanda a origem das coisas e a nossa origem. Entretanto alienados que somos do de tudo diferente, somos incapazes não somente de responder, mas ainda de formular propriamente a pergunta. A palavra "por quê" é típica da dúvida que somos. A causalidade é uma categoria da "razão pura". Não pode projetar-se para fora do campo da dúvida. Não pode projetar-se para fora do intelecto que somos como seres pensantes. O de tudo diferente, não estando sujeito às categorias intelectuais, não pode ser investigado com elas. O intelecto não é um instrumento para a pesquisa do de tudo diferente. A nossa pergunta não é legítima. Não pode ser, portanto, formulada. A origem das coisas e a nossa origem como seres pensantes em oposição às coisas são indiscutíveis, não podem ser discutidas. A origem da língua (que é a origem das coisas e a nossa origem em oposição a elas) não pode ser discutida. Inclinando-se para essa pergunta, o intelecto se inclina em direção ao absurdo.

Embora não possamos, portanto, perguntar pelo "por que" da alienação do de tudo diferente que somos, podemos tentar perguntar pelo "como". Essa pergunta, sim, podemos formular, porque dispomos de um método de resposta. Como se deu *in illo tempore* e como está se dando hoje essa alienação do de tudo diferente que somos? Devemos poder responder a essa pergunta, porque essa alienação está se dando pela nossa existência como seres pensantes, está se dando por nós, através de nós e graças a nós. Dizer que nós somos nós é dizer que essa alienação está se dando. Há diversas maneiras de formular e responder a essa pergunta, e algumas delas são consagradas pela conversação ocidental. *Cogito ergo sum* é a formulação cartesiana. *Propter admirationem enim et nunc et primo homines principiabant philosophari* é a formulação aristotélica. Tanto o "verso" cartesiano quanto o aristotélico são articulações da alienação do de tudo diferente de si mesmo. A investigação que precedeu o presente capítulo abre uma possibilidade para uma articulação um pouco diferente dos dois "versos" mencionados. A nossa articulação será, por certo, muito mais modesta, mas terá a vantagem de não ter sido "conversada" pela conversação ocidental. Conservará, portanto, o estampo do choque com o de tudo diferente, estampo esse que a conversação ocidental apagou em grande parte da face dos dois "versos" majestosos que mencionamos e que já estão transformados em prosa.

O de tudo diferente, ao encarar-se (isto é, nós em face do de tudo diferente), está em situação de expulsão de si mesmo. Essa consciência de expulsão está na raiz da nossa consciência de nós mesmos. Somos, como seres pensantes, fundamentalmente seres expulsos. Somos desterrados. Os nossos mitos mais antigos espelham o "saber" pré-intelectual desse desterro. (Expulsão do Paraíso.) Os místicos, ao tentarem articular essa consciência, falam em "desterro do espírito", e o misticismo judeu conhece até a expressão *galuth shel ha shekinah* (exílio do Espírito Santo). O pensamento existencial dá

4. DA PROXIMIDADE

expressão a essa consciência ao dizer que "somos jogados" (*geworfen*). A nossa pergunta pode ser formulada, portanto, da seguinte maneira: Como se deu e como está se dando a expulsão do de tudo diferente por si mesmo? A nossa resposta será: Essa expulsão é a formulação do nome próprio. O nome próprio é o grito apavorado, a exclamação de admiração, adoração e a saudade do de tudo diferente por si mesmo. O nome próprio é a expulsão (expressão) do de tudo diferente para fora de si mesmo. O nome próprio é a dúvida que o de tudo diferente nutre por si mesmo, e ele é a tentativa da superação dessa dúvida, a tentativa para uma volta para si mesmo. O nome próprio é *"Abkehr,"* *"Einkehr"* e tentativa de *"Heimkehr"* (um afastar-se, um repouso e uma tentativa de regresso à pátria).

Pelo nome próprio, portanto, aquilo que é de tudo diferente de nós se encara. O lugar onde isso acontece, o lugar onde os nomes próprios se dão, o lugar onde o de tudo diferente se encara, somos nós, é o nosso intelecto. O nosso intelecto é onde se dá o afastar-se, o repouso e a tentativa de regresso do de tudo diferente. Não é, portanto, um espelho do de tudo diferente, como imaginam aqueles que estabelecem uma adequação entre intelecto e "coisa". Se quisermos manter a imagem do espelho, devemos dizer que o intelecto é um espelho cego, embora queira ser espelho. Em sua prostração, em sua admiração e em seu pavor ante o de tudo diferente, é o intelecto uma tentativa frustrada de espelho. O intelecto encara o de tudo diferente pelo nome próprio, sem poder, entretanto, ver o de tudo diferente. O intelecto é uma tentativa frustrada e desesperada de ver. Paradoxalmente, se o intelecto tivesse êxito em sua tentativa, se conseguisse ver "a coisa", isto seria também o fim do intelecto. A visão da "coisa" é o fundir-se do intelecto com a "coisa", e o intelecto desaparece. A visão da "coisa", almejada pelos místicos conscientemente, e pelos epistemólogos inconscientemente, é o nosso fim como seres pensantes. Se conseguirmos ver a coisa, deixaremos de ser nós mesmos.

Podemos, portanto, traduzir os dois "versos" clássicos mencionados da seguinte forma: *Cogito ergo sum* = Não vejo "a coisa", portanto sou. ("Pensar" = Estar exilado da "coisa", estar cego em face da "coisa".) *Propter admirationem enim et nunc et primo homines principiabant philosophari* = Pela admiração da "coisa" os homens começavam a filosofar (isto é, ser seres pensantes) tanto atualmente como *in illo tempore*. ("Admiração" = tentativa de ver, e "filosofar" = não poder ver, estar exilado da "coisa".) Reformulando Descartes: "Tenho nomes próprios, portanto sou". Reformulando Aristóteles: "Pelos nomes próprios os homens começavam a ser o que são, tanto atualmente como *in illo tempore*".

É preciso sorver ao máximo esse pensar e essa admiração que é o nome próprio, essa cegueira e essa tentativa de ver que é o nome próprio, se quisermos captar, embora nebulosamente, o surgir do intelecto, o "como" da erupção da língua. No

4. DA PROXIMIDADE

capítulo anterior foi feita a tentativa de apreciar o nome próprio como limitação do intelecto, como fronteira da língua. Tem sido descrito como barreira contra a qual o intelecto se choca em sua tentativa de precipitar-se sobre o de tudo diferente, sobre o inarticulável. Em outras palavras, o nome próprio tem sido apreciado de dentro do intelecto, e partir das palavras secundárias, tem sido apreciado como a copa da árvore do nosso intelecto. Agora necessitamos de uma reviravolta mental, de um esforço de apreciar o nome próprio como raiz dessa árvore, como fonte da qual o intelecto jorra. Necessitamos o cancelamento mental das palavras secundárias, o "por entre parênteses" de toda a conversação que se seguiu aos nomes próprios, necessitamos colocar-nos dentro do nome próprio tal qual o somos, sem comentário posterior do intelecto. Necessitamos fazer um esforço introspectivo. Já que devemos dispensar, nesse esforço, toda conversação "prosaica", somos forçados a recorrer à alegoria para descrever o nome próprio como se apresenta visto de dentro.

A introspecção revela o nome próprio como raio que rasga as trevas extraintelectuais, extralinguísticas que encaramos e às quais estamos opostos. O raio é de tal luminosidade que nada torna visível da "coisa" que sentimos vivencialmente estar escondida nas trevas. A luz do raio que é o nome próprio ofusca as "coisas", não as ilumina. Embora queira iluminar as trevas das quais surgiu, nada ilumina a não ser a si mesmo. O nome próprio, embora queira "significar" a coisa, nada significa a não ser a si mesmo. Antes de o raio surgir, tudo era trevas. Intelectualmente falando, tudo era nada. Depois de o raio surgir, as trevas desapareceram na luminosidade, a luminosidade aniquilou o nada. Aniquilou também a "coisa" que queria iluminar. Essa luminosidade (*Lichtung*), que é a perda da "coisa", somos nós, é o nosso intelecto que nasce. O nosso exílio da "coisa" e nossa saudade da "coisa" são justamente o deslumbramento pela luz que somos, essa luz impenetrável que nos cega. O intelecto é autodestruidor. O intelecto é absurdo.

O nome próprio, esse raio que rasga as trevas, e o intelecto, essa parede luminosa tecida de raios que tapa (*vorstellt*) as trevas, estão inclinados em direção às trevas. Intendem as trevas. Querem dissolver-se nas trevas iluminando-as. O nome próprio quer "significar" a coisa, e o intelecto quer espelhar o de tudo diferente. O nome próprio "adora" a coisa, e o intelecto "adora" o de tudo diferente. (Adorar = falar em direção à.) Nesse sentido, é o nome próprio uma adoração. Com efeito, ele é a essência da adoração, ele é a própria adoração. O intelecto, a língua, inclinado como está em direção ao de tudo diferente, é *essencialmente uma adoração do de tudo diferente.* O intelecto é uma reza. Mas, embora inclinado em direção às trevas, embora querendo "significar" as trevas, e embora adorando-as, está o nome próprio em oposição às trevas. Ele é essencialmente oposição às trevas. É de tudo diferente das trevas. O nome próprio é carregado de uma energia que

4. DA PROXIMIDADE

dará origem ao intelecto, isto é, à língua com sua estrutura ordenada e organizada. O nome próprio é a semente da ordem. As trevas são alheias à ordem, são totalmente diferentes da ordem. Do ponto de vista intelectual, são o caos. O nome próprio tem pavor do caos. O nome próprio tem pavor do de tudo diferente. Embora querendo fundir-se com ele para iluminá-lo, tem pavor de ser engolido por ele e recair para dentro do balbuciar caótico do inarticulado. O de tudo diferente, que o nome próprio adora, é pavoroso.

Adoração e pavor, eis o clima (*Stimmung*) do nome próprio. Eis o clima do surgir do intelecto. Adoração e pavor, prostração, tremor primordial (*Urschauder*) é a "*Stimmung*" que dá origem à língua. A língua é a articulação progressiva e sempre renovada pelo surgir de novos nomes próprios do tremor primordial, daquele tremor primordial pelo qual o de tudo diferente se aliena de si mesmo. Tremor primordial (*mysterium tremendum*) é a "*Stimmung*" que faz tremer a língua e dá origem à sua estrutura. Vibrando de tremor ante o de tudo diferente, a língua se ordena. É nesse sentido misterioso que a língua *concorda* com o de tudo diferente. Vibra em sua face, é a sua corda. Forma com o de tudo diferente um acorde de tremor. Embora não haja um acordo entre língua e o de tudo diferente, há esse acorde misterioso que é a vibração ordenada da língua. Pitágoras e os mistagogos procuravam por esse acorde na geometria. Orfeu tocava-o na lira, Pan, na flauta. Nesse sentido, é a língua a voz do de tudo diferente. Embora não "descreva" o de tudo diferente, nem o "explique", ela o articula. A língua é o grito e o apelo do de tudo diferente contra si mesmo. Nesse sentido a língua corresponde ao de tudo diferente. Esse é o clima da língua. Em alemão esse caráter misterioso da língua se torna mais bem pensável: "clima" = "*Stimmung*," "concordar" = "*stimmen*," "afinar uma corda" = "*stimmen*," "voz" = "*Stimme*." Entretanto em português torna-se pensável o que é impensável em alemão: A língua está em acorde, mas não em acordo com o de tudo diferente. Há um abismo entre língua e o inarticulado, sobre o qual nenhum acordo pode lançar ponte.

O acorde que acompanha a alienação que dá origem à língua se deu *in illo tempore* e está se dando sempre que aparece um novo nome próprio. A língua surgiu *in illo tempore* e está surgindo sempre. A língua é a eterna repetição de sua origem, a eterna reencenação do acorde primordial que acompanha a alienação. Na língua, o acorde primordial soa sempre atual, é sempre presente. A língua é uma festa sempre encenada da alienação primordial.
A língua é essencialmente festiva. Com efeito, a língua é a essência da festa. Dizer que somos seres pensantes é dizer que participamos de festa. O pensamento é a festa eterna da alienação do de tudo diferente de si mesmo. Todos os mitos e todos os ritos da humanidade são no fundo fases individuais, festas inferiores e parciais, dessa única enorme festa de alienação que é o pensamento. Essas festas inferiores e parciais salientam ora a fase do afastar-se, ora a

4. DA PROXIMIDADE

fase do repouso, e ora a fase da tentativa de retorno. Salientam ora esta, ora aquela faceta do nome próprio. A língua, o pensamento, é o conjunto de todas as festas, isto é, de todos os mitos e de todos os ritos. Mais exatamente, a língua é o manancial do qual todos os mitos e todos os ritos brotam. A língua é a festa mestre.

Todo nome próprio é um mito. Todo nome próprio é portador do choque primordial da alienação do de tudo diferente de si mesmo. Todo nome próprio vibra (concorda) com o de tudo diferente. Essa vibração, esse acorde, é o rito pelo qual o nome próprio será transformado em palavra secundária. A vibração do nome próprio é o rito pelo qual a conversação transforma o verso em prosa. A língua é uma festa cujo mito são os nomes próprios, e cujo rito é a conversação. A conversação é a ritualização e a desmitologização dos nomes próprios. *O intelecto pode ser definido como o campo onde se dão mitos (nomes próprios) e onde esses mitos estão sendo desmitologizados pelo ritual da conversação, isto é, pelas regras da gramática.* O intelecto pode ser definido como campo de festa. A língua é a festa da desmitologização ritual dos nomes próprios. O intelecto é o campo da dúvida, porque é o campo da desmitologização de mitos. Pensar é duvidar, porque pensar é o ritual da desmitologização. Aquilo que foi chamado de tendência centrípeta da língua no capítulo anterior pode ser agora redefinido como a tendência ritual da festa que é a língua. Aquilo que foi chamado de tendência centrífuga da língua pode ser redefinido como tendência rumo ao mito da festa que é a língua. A intuição poética produz mitos (nomes próprios), e a conversação os desmitologiza pelo ritual da gramática. Os poetas são os mitólogos (os contadores de mitos), os críticos são os ritualizadores dos mitos. Os poetas são os profetas, e os críticos são os sacerdotes da festa que é a língua.

O nome próprio, o mito da festa do pensamento, é o ponto no qual o intelecto se aproxima do inarticulável. O nome próprio é um mito porque procura articular o inarticulável. O nome próprio é a proximidade do inarticulável. No nome próprio somos próximos do inarticulável e o inarticulável nos é próximo. No pensamento festejamos essa proximidade. O pensamento é uma experiência exuberante e eufórica, e uma experiência terrífica e apavorante, porque festeja a proximidade do inarticulável. O ritual do pensamento (a gramática) ordena, organiza e torna suportável a exuberância e o terror do pensamento. O mundo do intelecto é um cosmos organizado, uma festa bem-ordenada, para ser suportável. A desorganização do pensamento, a desritualização da festa, da proximidade, é a loucura. Na loucura a festa da proximidade vira orgia. Na loucura a vibração ordenada do nome próprio vira convulsão orgiástica. Na loucura o pensamento não está mais em acorde, mas em dissonância com o de tudo diferente. Na loucura "*stimmt etwas nicht*" [algo não está afinado]. A loucura é a orgia, a desintegração do intelecto. A loucura, por ser orgiástica, não é propriamente festiva. A loucura é festa inautêntica. A loucura não está na proximidade do inarticulável, mas em vias de mergulhar para dentro dele. A loucura é a intuição poética inautêntica.

A conversação é a crítica ritual do nome próprio. É a explicação ritual do mito que é o nome próprio. Está na proximidade do inarticulável, porque gira em redor do nome próprio. A conversação é uma dança ritual em torno do inarticulável. O inarticulável que vibra no nome próprio é o centro, o "significado" da dança da conversação. A conversação é o desfraldar dessa vibração. A conversação autêntica é um canto de louvor ao inarticulável que vibra no nome próprio. A conversação autêntica é a oração ritual que explana a adoração que é o nome próprio. O nome próprio é a adoração do inarticulável, e a conversação autêntica é a oração em torno dessa adoração. O intelecto adora (fase intuitiva) e ora (fase crítica). A língua é adoração e oração ritual. Adorando o inarticulável e orando sobre o inarticulável, está o intelecto na proximidade do inarticulável.

A conversação ocidental atingiu um estágio de ritualização no qual a oração ora não mais sobre o inarticulável, mas sobre si mesma. No presente estágio da conversação ocidental, o ritual da festa do pensamento tornou-se seu mito. A oração adora a si mesma e ora sobre si mesma. Os nomes próprios, à medida que aparecem, não são mais aceitos como mitos a serem ritualizados, mas como ritos a serem incluídos no ritual sempre crescente. O ritual é a finalidade da festa inautêntica que é a conversação ocidental da atualidade. A conversação tornou-se inautêntica, virou conversa fiada. A experiência exuberante e terrificante evaporou-se. A conversação tornou-se tediosa e nojenta. Gira em círculos sem centro. Não tem "significado". Não ora sobre o inarticulável, mas sobre si mesma. É automitologização. É uma loucura às avessas. É o que chamei de "dúvida da dúvida" na introdução a este livro. Nesse estágio de conversa fiada, o intelecto torna-se autossuficiente, porque perdeu o seu centro, a saber, o inarticulável. Está afastado da proximidade. A conversa fiada é a profanação da festa do pensamento. Na conversa fiada tudo é profano, portanto nojento. O mundo da conversa fiada é um cosmos totalmente ritualizado e desmitologizado, tendo absurdamente o rito como mito. É a intelectualização total, que tem por consequência o abandono do intelecto esvaziado de seu teor festivo e tornado nojento.

A conversação científica atual é um belo exemplo dessa conversa fiada. A ciência não ora mais sobre a "realidade", sobre o inarticulável, mas sobre si mesma. Os nomes próprios que a intuição poética verte sobre a conversação científica (por exemplo, "méson", "antipróton") não adoram mais o inarticulável, mas o ritual da conversação científica.

4. DA PROXIMIDADE

A ciência tende a ser autossuficiente, tende a ser nojenta. A experiência festiva tende a evaporar-se da conversação científica, que tende a mergulhar na loucura às avessas, na loucura da conversa fiada. A ciência duvida não mais da "realidade", mas de si mesma. O ritual da ciência é o seu mito. A ciência está se afastando da proximidade do inarticulável, do de tudo diferente. A ciência está se profanando. A ciência está virando dança sem centro. A ciência está se afastando do "significado". Nesse nível a conversação ocidental está ameaçada de estagnação e de mutismo wittgensteiniano. O que foi dito a respeito da ciência pode ser afirmado, com igual pertinência, a respeito da arte, especialmente a respeito da arte chamada abstrata. O rito torna-se mito, a arte se profana e torna-se nojenta. Com pertinência menor, mas com validade igualmente assustadora, o mesmo pode ser afirmado a respeito dos demais níveis da conversação ocidental da atualidade. Assistimos a um esvaziamento do caráter festivo do pensamento ocidental, a uma profanação desse pensamento, a um afastar-se do "significado". O pensamento ocidental está se afastando do inarticulável. O pensamento ocidental está se afastando da proximidade do de tudo diferente, para girar sobre si mesmo. O espanto primordial, a prostração em face do de tudo diferente, a alienação do de tudo diferente de si mesmo que deu origem ao intelecto estão *toto coelo distantes* do pensamento ocidental. O pensamento ocidental está mergulhando na conversa fiada.

O superintelectualismo e o anti-intelectualismo da atualidade são as consequências desse mergulho. Não são, entretanto, as únicas alternativas em face do presente estado das coisas. Uma reavaliação do intelecto como campo de festa abre uma terceira alternativa. Num estágio primitivo de conversação, o caráter festivo do pensamento é velado. Os participantes da festa do pensamento não sabem, nesse estágio, que participam de uma festa. O dançarino australiano não sabe que participa de um ritual pelo qual o mito do canguru está sendo ritualizado. Não sabe distinguir entre "festa" e o de tudo diferente. Ele é o canguru ao dançar, não *significa* o canguru. Num estágio mais avançado da conversação, o caráter festivo do pensamento fica revelado. Surgem progressivamente os problemas epistemológicos da língua. O abismo que separa o pensamento do inarticulável torna-se visível. E esse progressivo desvendar do caráter festivo do pensamento resulta naquela alienação total do pensamento que caracteriza o estágio atual da conversação ocidental. O desvendar do caráter festivo do pensamento destrói esse caráter. Mas é possível participar de uma festa, conscientemente. É possível participar de uma festa sabendo que é uma festa. É possível saber do abismo que separa festa e o de tudo diferente, e saber, ao mesmo tempo, da proximidade alcançada na festa. É possível adorar o de tudo diferente e orar sobre o de tudo diferente, sabendo do abismo que nos separa dele. Essa humildade, esse saber da sua própria limitação, é possível. Pelo progresso da

4. DA PROXIMIDADE

conversação sabemos irrevogavelmente que não podemos subjugar o de tudo diferente pelo nosso intelecto (coisa que o australiano não sabe). Mas sabemos também que o intelecto é nossa maneira de seres pensantes de adorar e orar sobre o de tudo diferente (coisa que o australiano tampouco sabe). De instrumento de poder o intelecto se transforma em instrumento de adoração. Esta me parece ser a verdadeira superação da magia. Este me parece ser o verdadeiro intelectualismo.

A nossa civilização, fruto da conversação ocidental, sofreria uma profunda alteração de conteúdo, embora talvez não imediatamente de forma, com essa superação da magia, com esse verdadeiro intelectualismo. Os nossos instrumentos e as nossas instituições não seriam, nem por isso, imediatamente abandonados. Em vez, entretanto, de serem considerados instrumentos e instituições mágicos, isto é, destinados à conquista do de tudo diferente, seriam considerados instrumentos e instituições rituais, isto é, dedicadas à adoração do de tudo diferente. A máquina não seria mais um instrumento de conquista, mas um exemplo da vibração explicada ritualmente, que o nome próprio que lhe deu origem sofreu no choque da alienação do de tudo diferente. O Estado não seria mais uma instituição de conquista, mas um exemplo da maneira misteriosa pela qual a vibração primordial se explica ritualmente no curso da conversação. Dessa maneira, seria superada a mitologização da máquina e do Estado (que é, no fundo, uma mitologização de um rito), e superada também a pragmatização do instrumento e da instituição, pragmatização essa que torna a civilização tão antifestiva e nojenta. Desmitologizado o mito da nossa civilização, e despragmatizada a sua práxis, voltará a ser a nossa civilização uma festa autêntica, e a participação nela uma atividade festiva.

A atividade científica, tão característica da nossa civilização, passaria a ser uma oração consciente, uma atividade religiosa. Não mais se esforçaria por explicar e antever a "realidade", como o tentou fazer no passado, nem seria uma disciplina autossuficiente em busca de uma consistência interna perfeita, como tende a ser atualmente, mas passaria a ser um esforço intelectual fundamentalmente estético, uma tentativa de composição de uma oração perfeita, oração em louvor do inarticulado. Sabendo-se em acorde com o de tudo diferente pelo choque primordial de espanto, não mais procuraria ser "verdadeira", mas acertada (*stimmen*). Com o decorrer da conversação, a divisão classificadora e especializada do pensamento ocidental (tão característica e tão nefasta) tenderia a ser superada. A ciência tenderia a ser compreendida como uma forma típica de arte. De arte aplicada, arte *engagée*, bem entendido, porque comprometida com o de tudo diferente.

Com o decorrer da conversação, a nossa civilização não mudaria tão somente de conteúdo, mas ainda de forma. O centro do interesse se deslocaria da

4. DA PROXIMIDADE

ciência, sem abandoná-la, e se abririam novos centros de interesse por ora inimagináveis.
A fase tecnológica da nossa civilização seria superada. Totalmente imprevisível, a atividade intelectual voltaria a ser aventura. A festa que é o pensamento voltaria a ser dramática no sentido grego dessa palavra. A fase atual da nossa conversação apareceria, então, como uma fase de transição na festa ininterrupta e sempre renovada do pensamento ocidental. Em outras palavras, o fundamento religioso, sobre o qual o pensamento ocidental, como todo pensamento, se baseia, e o qual recentemente desmoronou, teria sido redescoberto e reformulado. Os ocidentais continuariam a adorar e a orar sobre o de tudo diferente de sua maneira típica, que já produziu resultados tão belos e majestosos no passado. O pensamento ocidental se voltaria para a proximidade do de tudo diferente.

5. DO SACRIFÍCIO

A conversação ocidental poderia desenvolver-se da maneira esboçada no capítulo anterior se a atitude em face do intelecto fosse modificada. Essa modificação é, no entanto, sumamente problemática. Com efeito, por mais otimistas que sejamos, teremos muita dificuldade em descobrir sintomas para uma eventual realização dessa modificação. Pelo contrário, abundam sintomas que denotam uma intensificação do mergulho para dentro da conversa fiada. A mitologização do rito da conversação avança em todos os níveis da língua, e está acompanhada, paradoxalmente, por um pragmatismo cínico. Estamos, em outras palavras, assistindo a um desenvolvimento de um dogmatismo oportunista. Mitologização do rito significa dogmatização do pensamento. Pragmatismo em face dos produtos do pensamento significa oportunismo. Ambos são sintomas de uma estagnação do processo de pensamento. O pensamento perde a elasticidade que o caracteriza em seu estágio de conversação autêntica, essa elasticidade que permite o jogo livre de comentários sobre o verso proposto pela intuição poética dentro das regras do ritual da gramática. Em compensação, torna-se o pensamento progressivamente rigoroso, adquire exatidão e especialização em nível de significado sempre mais restrito. Trata-se do *rigor mortis* que se aproxima. Este o lado dogmático da conversa fiada. Simultaneamente perde o pensamento o entusiasmo e a agressividade que o caracterizam em seu estágio de conversação autêntica, esse entusiasmo que permite uma atividade crítica desinteressada. Em compensação, adquire um sabor apologético, e a crítica vem sendo substituída pela exegese. Trata-se não tanto de explicar o verso proposto pela intuição, mas de aplicá-lo. Este o lado pragmático e oportunista da conversa fiada. Essa combinação nefasta entre dogmatismo e pragmatismo acelera a decadência da conversação ocidental, porque age a um só tempo como soporífero e entorpecente. A dança da conversação ocidental em redor do significado perdido realiza-se, graças a essa combinação, em círculos sempre menores e mais rigorosamente delineados. Estamos conversando sempre mais rigorosamente sobre sempre menos. E estamos conversando não para conversar, e sim para polemizar. Não somos críticos, mas propagandistas. Com efeito, a conversação ocidental não está se desenvolvendo, mas está se propagando. Está se propagando em direção ao mutismo.

A alternativa delineada no capítulo anterior parece não existir. A volta consciente para a proximidade do de tudo diferente não parece entrar no jogo das tendências atualmente operantes. Essa aparente cegueira diante da função do intelecto é de fácil explicação. O reconhecimento do intelecto como instrumento de adoração e oração importa num sacrifício enorme. Para avaliarmos a enormidade desse sacrifício, é preciso remontarmos até a Idade Média, quando, ao que parece, o intelecto era assim reconhecido. Pois não é verdade que naquela época a filosofia era considerada serva da teologia, portanto o intelecto, servo da fé?

Consideremos mais de perto a posição do intelecto nessa concepção medieval. Nela, a cena era dominada pela fé, que era uma espécie de visão imediata e extraintelectual que Deus nos concede pela sua graça. O intelecto era considerado como uma espécie de lanterna, que Deus nos proporcionou para iluminarmos um pouco mais detalhadamente as "verdades" reveladas pelos raios solares da fé. Uma lanterna muito boa, por certo, já que dádiva Divina, mas incomparavelmente menos intensa que os raios da fé, e incomparavelmente menos significante. A Idade Média verificou, com certa surpresa e desagrado, que o intelecto nem sempre concordava com a fé, e que aí existia um problema. A resposta ortodoxa a esse problema era o sacrifício do intelecto em prol da fé nos casos de desacordo. Era um sacrifício considerável, já que o intelecto era de origem Divina, mas era um sacrifício razoável, já que conservava a parte mais valiosa. A resposta heterodoxa a esse problema era o sacrifício da fé em prol do intelecto. Este, sim, era um sacrifício enorme e absurdo. Substituiu a fé pela dúvida que é o intelecto, e lançou, dessa forma, o homem como ser pensante para dentro do mar das incertezas que é a Idade Moderna. Entretanto (como este livro se esforça por sugerir) não era esse sacrifício tão enorme como pode parecer à primeira vista. Nesse sacrifício a fé se refugiou para dentro do intelecto para ser conservada intestinamente. A dúvida cartesiana é essa conservação da fé dentro do intelecto.

5. DO SACRIFÍCIO

A fé no sentido medieval da palavra não existe no presente estágio da conversação. Não existe em sua forma manifesta medieval, nem em sua forma escondida no intelecto moderno. Do nosso ponto de vista, é essa fé nada mais nada menos que a inconsciência do caráter festivo da língua, do caráter festivo e abismalmente distante do pensamento em face do de tudo diferente. Essa fé está definitivamente perdida. Uma falta de conhecimento não pode ser reconquistada. Embora tenha sido "acertada" (*gestimmt*), essa fé não é para nós. A saudade dessa fé no estágio atual da conversação é mais um sintoma do nosso anti-intelectualismo dogmático oportunista.

A história da conversação ocidental prova que o sacrifício absurdo da fé em prol do intelecto resultou produtivo, enquanto o sacrifício razoável do intelecto em prol da fé resultou estéril. Isso porque é do caráter do sacrifício ser absurdo. O sacrifício que o reconhecimento do intelecto como instrumento de adoração e oração nos impõe é, entretanto, muito mais absurdo e muito mais enorme. Não podemos sacrificar o intelecto à fé nenhuma, já que não a temos. E não podemos sub-repticiamente conservar algo do intelecto no sacrifício, como a Idade Moderna conservou sub-repticiamente algo da fé. A bem dizer, a nova atitude proposta nessas considerações impõe o sacrifício do intelecto em troca de nada. Não é, portanto, surpreendente que essa atitude não seja facilmente observável no jogo das tendências da atualidade. Abundam as atitudes de sacrifício do intelecto em troca da vivência, ou da vontade para o poder, ou em troca do instinto. Estas, sim, podem ser facilmente observadas. Mas a atitude de sacrifício do intelecto em troca de um intelecto radicalmente diminuído, a atitude de humilhação do intelecto sem compensação, essa atitude não encontra, muito compreensivelmente, uma multidão de adeptos. No entanto essa atitude absurda se impõe se a análise do intelecto empreendida neste livro tem alguma validade.

O sacrifício é parte integrante da festa. De certa forma é o sacrifício o ponto culminante da festa. No sacrifício alcança a absurdidade que é o pensamento a sua expressão mais patente. O sacrifício é a redução ao absurdo da absurdidade do pensamento. O sacrifício do intelecto em prol do intelecto seria a essência da absurdidade, portanto a essência do sacrifício. O sacrifício absurdo do absurdo em prol do absurdo seria, pelo princípio da dupla negação, o cancelamento (*Aufhebung*) do absurdo. O sacrifício do intelecto em prol do intelecto me parece ser, portanto, a suma honestidade intelectual. Parece-me ser, em outras palavras, a suma sanidade. É a superação da dúvida da dúvida pela aceitação de um horizonte da dúvida. Além desse horizonte, que é o horizonte do intelecto, tudo é indubitável, no sentido de não poder ser nem duvidado, nem a dúvida a respeito dele pode ser duvidada. É o horizonte do pensável. Aquém desse horizonte, a dúvida da dúvida se dissolve, porque a dúvida da dúvida é, em última análise, o não aceitar do horizonte. A aceitação do nome próprio como horizonte dissolve a dúvida da dúvida aquém e além de si mesma, e a substitui pelo

5. DO SACRIFÍCIO

sacrifício do intelecto em prol do intelecto, pelo sacrifício da dúvida da dúvida em prol da dúvida. Pelo sacrifício do pensamento sobre o pensamento em prol do pensamento sobre o de tudo diferente.

O que estamos sacrificando nesse sacrifício festivo? Em última análise, estamos sacrificando a meta que a conversação ocidental se propôs e a qual perseguia consciente e inconscientemente há pelo menos 3 mil anos. Essa meta pode ser descrita, nos termos do presente livro, da seguinte maneira: A conversação ocidental é, como toda conversação, resultado de uma alienação do inarticulável. A sua meta é a superação dessa alienação pela articulação do inarticulável. O pensamento ocidental tem por meta tornar pensável o impensável e assim eliminá-lo. O intelecto ocidental tem por meta a intelectualização total. É nesse sentido que devemos dizer que o Ocidente é idealista em todas as suas manifestações, inclusive naquelas chamadas "materialistas". Essa meta idealista totalitária distingue a conversação ocidental de todas as demais, embora seja sumamente difícil para nós ocidentais captar a meta das conversações que nos são alheias. Toda conversação jorra de uma proximidade distinta e vibra diferentemente. Toda conversação é uma festa distinta. Não podemos, como ocidentais, participar autenticamente de outra festa cujos mitos e ritos nos são alheios. Podemos, entretanto, traduzir. A tradução é um conceito ambíguo. Significa um rito da festa ocidental, quando se refere à passagem de uma língua ocidental para outra, ou de uma camada de significado para outra dentro da mesma língua.

Significa um mito (um nome próprio) quando se refere à passagem de uma conversação para outra. As conversações alheias, por exemplo, a chinesa ou a esquimó, são, para nós ocidentais, mitos. Como tais são incorporados em nossa conversação e sujeitos ao nosso ritual. O que pensamos a seu respeito é pensado pelo ritual ocidental. Não tem validade extraconversacional, como nada o tem daquilo que pensamos. Com essa ressalva podemos reafirmar que a meta da conversação ocidental é diferente das metas das demais conversações no sentido de ser idealista e totalitária. A "volta para a pátria" que a conversação ocidental almeja não é a volta do filho pródigo, mas a volta do rebelde exilado transformado em conquistador. A conversação ocidental tem meta heroica. A conversação ocidental é orgulhosa. O sacrifício que se impõe é o sacrifício desse orgulho.

Pelo menos dois dos mitos fundamentais da conversação ocidental prefiguram esse sacrifício, são o seu projeto. É o mito de Prometeu e o mito da Torre de Babel. Parece que a festa que é a conversação ocidental chegou à fase da realização desse projeto lançado por esses dois mitos. Chegou a hora do sacrifício previsto no projeto do ritual de festa. Chegou a hora do grande sacrifício, comparados com o qual os sacrifícios já feitos não passam de ritos preparatórios. Chegou a hora do Cáucaso, e a hora da confusão das línguas. Nietzsche descreve o aproximar-se dessa hora de sacrifício dizendo que "todo dia está ficando mais frio". É o frio apocalíptico e o silêncio festivo e ritual que precedem o ato do sacrifício. A festa parece paralisar-se. Os participantes, tomados de pavor, viram ritualmente as costas ao altar sacrificial, ao "significado" da festa, e, escondendo o rosto nas mãos, continuam como que automaticamente a executar os passos da dança em círculos sempre mais restritos. O sacrifício a ser perpetrado, demasiadamente horrível, é relegado ao esquecimento pelos participantes da festa. Esta me parece ser uma possibilidade de interpretação dos sintomas ora prevalecentes.

O orgulho a ser sacrificado atingiu dimensões gigantescas no decorrer da festa. Agigantou-se em todas as camadas de significado. O ritual da festa converteu o fogo prometeico e a torre babilônica em ciência exata, em tecnologia, em psicologia de profundidade, em economia planejada, em arte abstrata. É nessa forma agigantada e ritualizada que o orgulho no qual o intelecto ocidental se converteu deve ser sacrificado. O sacrifício que se impõe é um holocausto. Entretanto já está prefigurado no projeto da festa. Já se consumou *in illo tempore* quando surgiram os nomes próprios "Prometeu" e "Babel". Prometeu já foi sacrificado, e a torre já foi destruída. Chegou a hora do sacrifício como sempre chega a essa altura da festa. O terror se espalha entre os participantes, como se espalha sempre a essa altura da festa. A festa parece chegar ao fim, como parece sempre chegar a essa altura. A festa está ameaçada de ruptura, como ameaçada está sempre a essa altura. A ameaça é real, como o é sempre a essa altura, mas o sacrifício, prefigurado como está no projeto da festa, é possível, como o é sempre a essa altura.

O ritual da festa não é rígido. Obedece ao seu próprio *momentum* e se desenvolve. A gramática da conversação ocidental está sempre em fluxo. O desenrolar da nossa festa é imprevisível. Querer prever o desenrolar da festa é querer explicar totalmente os nomes próprios que lhe foram propostos de tema. É querer predicar totalmente os sujeitos e objetos nos quais os nomes próprios foram convertidos no curso da festa. O desenrolar da festa é idêntico com a explicação dos nomes próprios. Querer prever esse desenrolar é querer superá-lo metafisicamente. A festa, sendo a explicação do nome próprio, é sua própria explicação, à medida que se desenrola. Querer prever o desenrolar da festa é querer o absurdo. Pensar sobre o desenrolar da festa é participar da festa. Pensar sobre o desenrolar "futuro" da festa é absurdo. Pensando sobre o desenrolar "futuro" da festa, estamos realizando esse futuro, estamos transformando futuro em presente. O "futuro" da festa é o ainda não explicado, o ainda a conversar. É por definição ainda inconversável.

Não podemos, portanto, dizer se o sacrifício será perpetrado. Podemos, entretanto, afirmar que ao pensarmos sobre o sacrifício estamos contribuindo para a sua realização. A conversação ocidental é uma festa de muitos participantes, embora não de tantos como pode parecer à primeira vista. A maioria dos intelectos aparentemente empenhados nessa conversação não participa efetivamente da festa. É constituída por intelectos inautênticos, descaídos em conversa fiada. Esses intelectos não são campos

5. DO SACRIFÍCIO

autênticos da dúvida, mas campos pelos quais meros detritos da dúvida, os "chavões", passam qual meteoros. Esses intelectos inautênticos não passam de depositórios do refugo da conversação ocidental. São, no melhor dos casos, figurinos, fantoches da festa. Mesmo assim, muitos intelectos participam da festa, muitos pensam, muitos criticam, muitos convertem versos em prosa. De todos esses depende o desenrolar da festa. Todos eles contribuem para o alargamento, o alastramento do tecido da conversação, e para a modificação constante de sua estrutura. Também o presente livro contribui. Em seu escopo modesto e muito limitado contribui para a realização do sacrifício. Nesse sentido, enquadra-se no ritual da festa. Está tomado do mesmo pavor que está dominando a fase atual da festa, e treme do mesmo frio. É dos que são conscientes da origem primordial desse pavor e desse tremer, e está resolvido pelo sacrifício (*entschlossen zum Tode*). Com esse tremor e com essa resolução, contribui para a realização do rito.

A grande maioria dos participantes da festa não está assim resolvida. Está resolvida, pelo contrário, pela continuação da dança. Do ponto de vista deste livro, está a grande maioria precipitando-se em direção à conversa fiada, em direção ao nojo repetitivo. Mas do ponto de vista da maioria esse precipitar-se é o progresso. Desse ponto de vista, a posição do presente livro é de uma obstrução ao progresso. O progresso é, nessa altura da conversação ocidental, um rito transformado em mito. Do ponto de vista da maioria, é a posição do presente livro uma posição sacrílega, por obstruir um mito. Com efeito, na altura atual da conversação ocidental, na altura que se aproxima da confusão das línguas, a grande maioria conversa num nível de significado que se distancia sempre mais do nível de significado do presente livro. A conversação ocidental está se desfazendo em níveis e em camadas, o que torna sempre mais penoso o esforço do desenvolvimento da própria conversação. A grande maioria poderia pensar os pensamentos deste livro somente com um esforço considerável de tradução, como também este livro se sujeitou a um esforço considerável para traduzir os pensamentos da grande maioria para a sua camada. Mas esse próprio esforço faz parte do ritual do pensamento. Justamente discordando da grande maioria é que o presente livro faz parte do ritual da festa. O sacrifício que a sua posição implica seria válido somente se a grande maioria dele participasse. O presente livro é, portanto, um esforço para uma conversação autêntica, pois pretende converter a grande maioria. Já desse ponto de vista podemos apreciar a precariedade da sua posição e a esperança mínima que nutre.

O sacrifício implica uma modificação radical do caráter da conversação ocidental, já que lhe modifica a meta. O intelecto, não sendo mais instrumento de conquista, mas de adoração, não seria mais o mesmo intelecto. O intelecto tal como o conhecemos teria sido sacrificado. Seria substituído por algo por ora inimaginável. O sacrifício seria um acontecimento apocalíptico no sentido da frase bíblica "Sereis mudados". O sacrifício implicaria uma mutação da conversação ocidental. Diante dessa mutação, a atitude do presente livro é de uma espera. A dúvida da dúvida seria mudada em algo que somente muito remotamente pode ser chamado pela palavra "fé", porque nada teria em comum com a fé ingênua que precedeu a dúvida numa fase remota da nossa festa. A atitude de espera se impõe, portanto. *"They also serve who only stand and wait"* (John Milton, 1652).

As grandes fontes da nossa conversação, os iniciadores da nossa festa, as figuras míticas de Orfeu, Abraão, Ishtar e Afrodite, esses nomes próprios tão festejados em ritos explicativos, conclamam-nos para o sacrifício que eles mesmos, em sua vibração primordial, prefiguram. Estamos em conversação com eles, e não somente com os gregos, como Heidegger afirmava. Kierkegaard conversa com Abraão em sua hora suprema do sacrifício. É desse tipo de conversação que o sacrifício poderia realizar-se. Escutemos as fontes da nossa conversação, escutemos os nomes próprios como sussurra em nosso íntimo, e conversemos com elas. Não nos submetamos cegamente a elas, duvidemos delas. Mas não as releguemos ao esquecimento, nem as queiramos conquistar e aniquilar. Continuemos a grande aventura que é o pensamento, mas sacrifiquemos a loucura orgulhosa de querer dominar o de tudo diferente com o nosso pensamento. Encaremo-lo, adorando-o, isto é, duvidosos e submissos. Em outras palavras, voltemos a ser seres pensantes, voltemos a ser homens.

VILÉM FLUSSER E *DA DÚVIDA*

CELSO LAFER

Vilém Flusser foi um pensador vigoroso, denso e incisivo. Para ele, o pensar filosófico era uma urgência vital. Quando o conheci, no final dos anos 50 – pois passei a frequentar a sua casa na Rua Salvador de Mendonça, 76, em São Paulo, na condição de colega e amigo de escola de sua filha Dinah – ele exercia uma atividade empresarial. Dedicava-se, ao mesmo tempo e com maior intensidade, à vida do espírito, porém no isolamento intelectual de um judeu tcheco, transplantado para o Brasil, aos 20 anos, com o curso universitário inconcluso, por obra da tempestade nazista.

A atividade empresarial ele a vivia, para recorrer a Hannah Arendt, como *animal laborans*. Era uma labuta que exercia por necessidade, sentindo-a como mergulho diário no ciclo repetitivo e desinteressante dos imperativos do metabolismo da vida. Por isso creio que a "conversa fiada" no plano intelectual – que repelia, com vigor, caracterizando-a em *Da Dúvida* como "um cosmos totalmente ritualizado e desmitologizado" – é uma elaboração reflexiva que tem algo a ver com a sua difícil experiência pessoal no mundo do labor, e com os riscos reais da sua transposição invasiva no mundo das ideias como, aliás, ele discute no ensaio "Do Funcionário", incluído no seu livro *Da Religiosidade*.[1]

O isolamento naquela época era o desdobramento no tempo da experiência dos *displaced people*, dos que, para recorrer novamente a Hannah Arendt, tinham perdido o lar e, com ele, a familiaridade da vida quotidiana, bem como o uso da língua originária, e, com esta privação, a naturalidade das reações, a simplicidade dos gestos e a expressão espontânea dos sentimentos. Flusser teve, assim, de lidar com a sua urgência vital de pensar, sem o apoio de instituições, pela própria cabeça. Superar este isolamento, buscar o diálogo, participar da "conversação autêntica" que "multiplica, ramifica, desdobra e especializa o pensamento", como diz em *Da Dúvida*, era assim, compreensivelmente, um tema vital, recorrente, ao qual buscou dar uma elaboração reflexiva de alto nível. Neste livro isso se expressa seja na rejeição da "excentricidade subjetivista" do pensamento romântico, seja no combate ao niilismo do anti-intelectualismo, que o autor vê como "um erro e um perigo".

Para superar este isolamento e encetar um diálogo mais amplo, que ensejasse a "conversação autêntica", contribuiu o punhado de jovens, amigos de Dinah, que se habituou ir à sua casa para com ele discutir temas e ideias, com a benévola acolhida de D. Edith, sua esposa. Com efeito, antes Flusser escrevia em alemão e discutia com Alexandre Bloch e Helmut Wolff, dois parceiros dialógicos radicados em São Paulo e ligados à sua "realidade" de Praga, como ele registra no prefácio de *A História do Diabo*.² A nossa curiosidade intelectual – a de Alan V. Meyer, J. C. Ismael, Mauro Chaves, Gabriel Waldman e a minha própria, entre outros que foram agregand-se o – provocou-o a escrever textos em português, já que nenhum de nós lia ou entendia alemão.

O primeiro texto de que me lembro é "Praga, A Cidade de Kafka", que, com o nosso entusiasmo, ajudamos a encaminhar para o Suplemento Literário de *O Estado de S.Paulo*, onde foi publicado e subsequentemente inserido no livro *Da Religiosidade*. A acolhida e o estímulo de Décio de Almeida Prado, que então dirigia o Suplemento, abriram para Flusser a porta do público brasileiro e os contatos com o nosso meio intelectual, como ele muito acertadamente diz no prólogo do seu primeiro livro publicado, *Língua e Realidade*.³

Escrever em português, que dominou com extraordinária competência, dada a vocação de poliglota, agudizou em Flusser o tema da relação entre a língua e a realidade e a importância epistemológica da tradução. Como afirma neste livro, cujo horizonte é "a teia dos pensamentos", impelida pela "busca do significado", a língua é sinônimo de intelecto se definida como "campo no qual se dão organizações de palavras"; e o problema do conhecimento, com seus diferentes níveis de abstração, é, "no fundo, um problema de tradução". Daí a importância heurística que atribui em *Da Dúvida* à querela escolástica entre nominalistas e realistas. Para lidar com língua e realidade e com o significado da tradução, Flusser estava aparelhado pelas suas origens. Os naturais de Praga, sua cidade natal, eram uma só população, caracterizada pelo seguinte:

Os alemães de Praga não sabem o quanto são tchecos, os tchecos não sabem o quanto são alemães e ambos não sabem o quanto são judaizados. Os judeus de Praga são, talvez, os mais assimilados entre todos os judeus do mundo, por se terem assimilado a dois povos, mas conservam o seu judaísmo como uma espécie de 'Ponte Carlos' entre os dois povos. (Da Religiosidade, op. cit., p. 54).

Kafka, que motivou esta reflexão de Flusser no texto acima mencionado, exprime esta realidade, e Flusser, que começou a vida sendo bilíngue — tcheco e alemão foram as suas primeiras línguas — avalia que a língua de Kafka é uma expressão genial do alemão praguense, no qual as palavras "inventadas" são tradução do tcheco e as "formas grotescas" são eslavas.[4] No trato teórico da língua em *Da Dúvida*, estão presentes tanto Carnap e Wittgenstein quanto Heidegger e Sartre. Em Flusser, esta confluência se radica na razão vital, que é, à maneira de Ortega y Gasset — que ele conhecia bem —, uma razão de vida na dupla acepção de orientar nossa vida no mundo e conduzir-nos ao entendimento do mundo por meio de nossa vida.

O Círculo de Viena exprime uma das respostas intelectuais instigadas pelo ambiente cultural da capital do Império Austro-húngaro, do qual Praga foi parte integrante até a derrocada provocada pela Primeira Guerra Mundial. Com efeito, um Império multinacional e multilinguístico e a sua capital lidavam mal com as ambiguidades de nacionalismos e ideologias. Os praguenses, herdeiros do Império numa Chequoslováquia independente, tinham, por isso mesmo, como pontua Flusser, uma posição flutuante e duvidosa em relação à sua "nacionalidade", o que se evidenciava cada vez que a cidade era varrida por um terremoto externo.[5] O positivismo lógico é uma maneira de disciplinar a linguagem, depurando-a de suas ambiguidades e da "conversa fiada" flutuante e duvidosa das ideologias.

Representou, portanto, uma escolha intelectual compreensível também à luz da razão vital de Vilém Flusser. Pelos mesmos motivos — pondero eu — Kelsen, nascido em Praga, elaborou uma teoria pura do direito, com o objetivo de excluir deste os componentes metajurídicos, tendo como ponto de partida o seu conhecimento do Estado do Império Austro-húngaro que não era uma unidade sociológica, mas jurídica.[6] O positivismo lógico, com o seu formalismo, era, no entanto, insuficiente para dar conta das inquietações filosóficas de Flusser. A sua experiência de vida aproximou-se do ser jogado (*geworfen*) do existencialismo alemão e a sua razão vital indicou-lhe que a existência precede a essência, na lição de Sartre. Nesta linha, em *Da*

Dúvida, considera a frase – o pensamento – um projeto pelo qual a existência se projeta contra as suas origens, argumentando que a palavra projeto, no contexto de sua reflexão, adquire uma qualidade que não tem nas discussões existencialistas, porque é analisável pela incorporação que faz da disciplina da linguagem do positivismo lógico.

Flusser não era um pensador bem comportado, como a leitura deste livro deixa claro. Integrava a família intelectual dos grandes carnívoros; devorava livros e ideias, antropofagicamente, à maneira de Oswald de Andrade. No seu contato com as pessoas e na sua busca incessante de uma "conversação autêntica", sentia-se impelido a questionar os intelectuais inautênticos, que são "depositários do refugo da conversação ocidental", pois os chavões com os quais operam são "meros detritos de dúvidas", para valer-me de sua formulação neste livro.

Numa carta que me escreveu da Grécia em 1.6.1971 – era, aos 51 anos, nas suas palavras, um *painful reassessment* da sua relação com o Brasil, vale dizer "com os últimos 31 anos da minha vida" –, reiterou que a sua forma mentis era polêmica (*polemos pater panton*, dizia ele, evocando o fragmento de Heráclito), o que se exprimia na sua visão teórica das coisas, ou seja, no seu "desprezo preconcebido do pragmatismo americano, do palpite brasileiro, da vivência profunda alemã e da ortodoxia dos russos". Em síntese, Flusser gostava de provocar.

PÁG. 117

Provocava na linguagem escrita e provocava ainda mais na exposição dos seus pensamentos, com o incomparável virtuosismo das suas incisivas palavras e dos seus inusitados gestos, o que fez dele um extraordinário conferencista e professor.

O seu "método" era, para recorrer a Octavio Paz em "Para o Poema (Pontos de Partida)", o de: "Arrancar las máscaras de la fantasia, clavar una pica en el centro sensible: provocar la erupción". Este "método" era compatível com o "chamar" centrífugo da intuição poética, que expande a matéria prima do pensamento, e com o "conversar" centrípeto, que, por meio da crítica, consolida o campo da dúvida, tal como proposto neste livro.

A *forma mentis* de Flusser atraía e por vezes incomodava o seu interlocutor. Ela atraiu Vicente Ferreira da Silva, de inteligência poderosa, foi um vigoroso interlocutor que Flusser muito admirou.[7] Isso não excluía discordâncias explícitas, tanto que neste livro ele aponta que a reconquista da visão simbólica das coisas, que Vicente Ferreira da Silva advogava, corria o risco de desembocar num mutismo metafísico. Das poucas discussões entre os dois que presenciei, dou o testemunho que seguramente correspondiam ao que Flusser qualificava como "conversação autêntica".

Flusser foi atraído e atraiu Guimarães Rosa, cujo extraordinário poder de nomear as coisas – o "chamar" – correspondia perfeitamente à sua visão, discutida neste livro, do papel da poesia na expansão do intelecto. Como diz Flusser, no fecho de um instigante texto, intitulado "Do Poder da Língua Portuguesa": "Dou graças ao deus das línguas que permitiu o fenômeno Guimarães Rosa, como que para provar de forma prática as minhas teorias".[8]

O Instituto Brasileiro de Filosofia (IBF) — com o pluralismo aberto e sem preconceitos acadêmicos que o caracterizam, graças à inspiração de Miguel Reale — foi, também, para Flusser, um espaço para discussão, nos anos 1960, período que assinala o seu desvencilhamento do mundo do *labor* e a sua dedicação à vida das ideias. "Conversação autêntica" ele teve com Miguel Reale e, sobretudo, como posso testemunhar, pelo jogo das afinidades, com o seu amigo Milton Vargas, um dos integrantes do IBF. O interesse comum pela língua, pela poesia e pela tradução também deu margem, na década de 1960, para "conversação autêntica" com Haroldo de Campos e os integrantes do movimento de poesia concreta.[9]

Nem sempre, cabe lembrar, o "método" de Flusser operava a contento. É o caso, como o próprio Flusser registra, de Anatol H. Rosenfeld, um dos seus interlocutores na época. Flusser via em Anatol o representante autêntico da "honestidade do intelecto fechado sobre si mesmo", um "modelo de crítico" que ele não conseguiu conquistar para todo o terreno de suas especulações em função da limitação deliberada, que o seu interlocutor autenticamente se impunha. Flusser escrevia em temor dessa crítica,[10] que se compreende à luz da importância, explicitada em *Da Dúvida*, sobre a função da crítica para a expansão da teia do pensamento. Anatol, para dar-lhe a palavra, apontou numa resenha sobre *Língua e Realidade* o recomendar a sua leitura:

> *É expressão de um pensamento muito em voga e, ademais, joga com esse pensamento de um modo magistral. Há, por vezes, intuições profundas e algumas análises são modelos de argúcia e penetração. Pela sua originalidade é um livro "poético" no sentido do A. Admite-se haver uma verdade parcial na afirmação de que a linguagem determina a nossa visão da realidade. Se o A. se limitasse, com humildade, ao exame cuidadoso dessa verdade parcial, em vez de pregar logo um mito e arrancar dos seus diversos nadas toda uma mística, ele escreveria livros sólidos e úteis. Todavia tal conselho decerto é filisteu ante esta filosofia essencialmente lúdica. Talvez seja preferível que continue escrevendo livros como este: esplêndidos, conquanto errados (segundo a opinião do comentarista).*[11]

Flusser tinha algo de *homo ludens*, como apontado por Anatol, mas a dúvida e a dúvida da dúvida não eram para ele um jogo. Eram um tema recorrente e subjacente à sua razão vital. O pintor Flexor, com quem ele se dava, retratou-o, pontuando a interrogação. Este ponto de interrogação ajuda a compreender por que o livro "sólido e útil" não era compatível com a sua "forma de vida" na acepção de Spranger. Neste livro, que inicia com uma discussão sobre o significado, no mundo contemporâneo, da dúvida da dúvida, Flusser aponta a importância do *cogito* cartesiano e da admiração aristotélica como as fórmulas instigadoras da conversação ocidental. A sua obra e a sua presença intelectual foram uma resposta que delas se nutria, daí ser este livro uma expressão vigorosa dessa sua maneira de ser, pois é uma das variações, no sentido musical, de um dos seus grandes temas. Há um ensaio intitulado *Da Dúvida*, em *Da Religiosidade*[12], do qual este livro é uma versão muito ampliada e trabalhada, escrito provavelmente na década de 1960, segundo a avaliação de D. Edith, que acompanhou e conhece, como ninguém, a obra de seu marido e parceiro de vida, que dele foi *uxori dilectissimae* e *omnia mea*.

Eu mesmo entreguei uma versão, em alemão, de *Da Dúvida*, a pedido de Flusser, a Hannah Arendt em 1965, quando fui aluno dela em Cornell, nos EUA. Ela leu e comentou comigo que o tinha achado interessante, o que é muito compreensível, pois em "The Human Condition", no capítulo VI, "A *vita activa* e a era moderna", examinam-se o significado do advento da dúvida cartesiana e a sua posição central no pensamento moderno, contrastando-a com o *thaumazein* dos gregos: "o assombro diante de tudo é como é".

Gostaria de concluir com uma nota pessoal sobre os nossos primeiros contatos e seus desdobramentos. Se a tradução, como dizia Flusser, é um problema central do conhecimento, sem dúvida ele traduziu para mim (e para tantos outros), no início e na sequência da nossa amizade trechos importantes da conversação ocidental. Esta tradução, nos termos deste livro, era um convite à conversação autêntica e à festa do pensamento.

Não era fácil essa conversa. Para quem, no Colégio Dante Alighieri, havia tido, no curso clássico, rudimentos da lógica aristotélica-tomista e, a seguir, em 1960, no primeiro ano da Faculdade de Direito da USP estudara o *Tratado da Consequência* – o curso de lógica formal de Goffredo Telles Jr. –, positivismo-lógico representava, para falar com os escolásticos, a ignorância entendida como estado negativo de conhecimento. O pensamento em língua alemã, cujas virtualidades ele articulava, com inspiração heideggeriana, como um grande artista da palavra em tantas línguas, não me era acessível diretamente. O *Fausto* de Goethe, que ele conhecia tão bem e pairava nas meditações que levaram *A História do Diabo*, não era o meu pão de todo dia.

No início do nosso contato (eu estava concluindo o colegial), a fim de participar melhor da sua conversação estimulante, procurei ampliar o repertório, não apenas por meio de leituras, mas recorrendo ao "léxico familiar", para falar como Natalia Ginzburg. Na biblioteca dos meus pais, estava o *Fausto*, na tradução de Jenny Klabin Segall e, presentes nas discussões em família, ecos dos obstáculos que ela enfrentara para transpor em verso o significante e o significado do texto de

Goethe. Na mesma linha, mencionava-se, e Jenny Klabin Segall corroborava, como era diferente a experiência da tradução do francês, que ela também tinha feito ao verter peças de Corneille, Racine e Molière. Isso me deu a munição inicial para lidar com os temas da tradução, da língua e da realidade. Nas discussões sobre filosofia alemã, vali-me inicialmente de Horácio Lafer, por cujo intermédio localizei Dilthey, Husserl e Heidegger graças a alguma conversa (nas brechas de sua vida pública), mais a atenta leitura do seu livro *Tendências Filosóficas Contemporâneas* na segunda edição, de 1950.

Já na Universidade, os meus primeiros trabalhos, *O Judeu em Gil Vicente* (1963) e *O Problema dos Valores n'Os Lusíadas* (1965), que elaborei sob a segura orientação de Segismundo Spina e Antonio Candido, ao cursar Letras na USP, beneficiaram-se de muita discussão com Vilém Flusser. O sal de sua estimulante presença encontra-se na análise do judeu, no *Auto da Barca do Inferno*, entre Deus e o Diabo, por ser religiosamente imperfeito para a doutrina cristã. Encontra-se, igualmente, na reflexão sobre a dúvida n'*Os Lusíadas*, no qual exploro como Camões ao mesmo tempo celebra a expansão ultramarina portuguesa e se agonia com o desastre nacional em que se convertera, recorrendo, no poema, tanto à Providência Divina quanto à recompensa utópica da Ilha dos Amores, para amainar – na linha do maneirismo – a sua angústia. Quando fui fazer, em 1965, a minha pós-graduação em Cornell, nos EUA, creio que dei alguma contribuição para o repertório do pensar de Flusser, pondo-o em contato com a obra de Octavio Paz e Hannah Arendt.

É o que ele explicitamente me disse em duas cartas: uma de 7.5.1966, na qual, ao comentar *O Labirinto da Solidão* conclui tratar-se de uma obra que se insere "na lista das pesquisas fenomenológicas e existenciais mais importantes da atualidade"; outra de 14.3.1966, na qual registra que a leitura de *The Human Condition* foi para ele uma revelação, pois "partindo de coordenadas do pensante quase inteiramente diferentes das minhas, e de axiomas parcialmente opostos, chega Arendt a conclusões muito próximas das minhas", o *Da Dúvida* que não excluía a discordância, em especial na maneira como ela encarava a *polis*.

Hannah Arendt foi também uma oportunidade para retomarmos contato, nos anos 1970, quando Flusser já estava morando na Europa e a nossa "conversação autêntica", por isso mesmo, tinha diminuído. Da França, em Peypi-d'Aigues, ele me escreveu em 22.5.1975, comentando um artigo que eu tinha redigido sobre *As Origens do Totalitarismo*. Na sua carta e seguindo sua inclinação para a análise fenomenológica — de que é excelente exemplo o conjunto de ensaios publicados na França nos quais examina objetos como garrafas, canetas, óculos, tapetes, muros, espelhos, etc.[13] — sugere uma reformulação em termos fenomenológicos das três maneiras de estar no mundo — *labor, work, action*

— analisadas por Hannah Arendt em *The Human Condition*. Nesta reformulação, propunha reservar o termo *gesto* para a ação, vendo, numa teoria do gesto, a que estava dedicando-se, a "disciplina interpretativa (semiológica) das manifestações fenomenais da liberdade". Esta reformulação retomava o diálogo crítico, pois era uma discussão em torno do que eu tinha afirmado, no meu artigo sobre a liberdade. Respondi-lhe em 11.7.1975, dizendo que "A sua presença, mesmo na sua ausência, é sempre atuante" e teci algumas considerações sobre o agir e suas origens etimológicas: a *gere* — pôr em movimento — e *gerere* — trazer — cujo particípio passado, *gestum*, rechearia de conteúdo histórico (*res gestae*) uma teoria do gesto.

A mudança de Flusser para a Europa efetivamente diminuiu o nosso contato. Para isso contribuiu, sem dúvida, a distância geográfica, mas talvez também outra coisa, que, recorrendo aos termos do próprio Flusser,[14] seria o fato de me ser possível lidar existencialmente com a realidade de maneira mais desafogada por meio do pluralismo ontológico dos verbos ser, estar e ficar, que caracterizam o português, sem o exclusivismo do verbo *sein* da língua alemã e sem articular a realidade, prescindindo do verbo por meio da estrutura da frase, como faz o tcheco. Isso não amainou meu interesse pela sua reflexão que, pelo que sei, teve e está tendo uma irradiação importante, em especial na Alemanha. Circunscrevendo-me ao que Flusser escreveu ao tempo deste livro, registro que acompanhei, com plena coincidência, a elaboração de Tércio Sampaio Ferraz Jr., nele lastreado sobre como os problemas teóricos da tradução representam uma esclarecedora analogia para as dificuldades epistemológicas da interpretação jurídica.[15]

Enfim, diria, para arrematar este texto, que é também uma evocação de sua pessoa e uma homenagem à sua memória, que a sua presença intelectual é, para mim, a pressão autêntica da atividade do pensar. Esta atividade é invisível, e, por essa razão, Hannah Arendt a descreve valendo-se da metáfora socrática do vento: sentimos, mas não vemos. A esta metáfora, adicionaria, flusserianamente, que tanto em hebraico (*ruah*) quanto em grego (*pneuma*) a mesma palavra designa *vento* e *espírito*. Por isso os ventos do seu espírito são invisíveis, mas, ainda assim, o que eles fazem é manifesto e, de alguma maneira, sentimos a sua proximidade

NOTAS

[1] Vilém Flusser, *Da Religiosidade*. São Paulo, Conselho Estadual de Cultura | Comissão de Literatura, 1967, p. 71-76.
[2] Idem, *A História do Diabo*. São Paulo, Martins Fontes, 1965, p. 13.
[3] Idem, *Língua e Realidade*. São Paulo, Herder, 1963.
[4] Idem, *Da Religiosidade*. São Paulo, Conselho Estadual de Cultura | Comissão de Literatura, 1967, p. 57.
[5] Ibidem, p. 54
[6] Cf. Rudolf Aladar Méttal, *Hans Kelsen: Vida y Obra*. México, UNAM, 1976, p. 49.
[7] Cf. Prólogo de *Língua e Realidade*, prefácio de *História do Diabo* e *Da Religiosidade*, p. 91-124.
[8] Vilém Flusser, op. cit., p. 147.
[9] Ibidem, p. 125-130.
[10] Ibidem, p. 14.
[11] Suplemento Literário de *O Estado de S.Paulo*, 6 de junho de 1964, p. 2.
[12] Vilém Flusser, op. cit., 1967, p. 39-52.
[13] *La force du quotidien*, Tours, Mame, 1973.
[14] Vilém Flusser, op. cit., 1963, p. 128.
[15] Cf. Tércio Sampaio Ferraz Jr., *Introdução ao Estudo do Direito: Técnica, Decisão, Dominação*. SãoPaulo, Atlas, 1988, p. 243-47 (e o meu prefácio, p. 20).

VILÉM FLUSSER COMO PONTO DE RUPTURA DO ATUAL SISTEMA BRASILEIRO DE FILOSOFIA

ACERCA DA OBRA *DA DÚVIDA*
TEXTO IMPOSSÍVEL

JULIO CABRERA

INTRODUÇÃO

Neste percurso reflexivo eu não quero apenas introduzir o leitor num típico texto flusseriano. Pretendo utilizar este texto como oportunidade para refletir sobre os tipos de textos filosóficos hoje recomendados pelos departamentos brasileiros de filosofia, e aquelas escritas que eles desencorajam e rejeitam. Portanto não pretendo aqui apresentar um texto exegético ou um mero comentário sobre Flusser e o tema da dúvida, mas praticar com ele o tipo de estilo devorador que ele mesmo utilizou quando conversou com outros filósofos. Assim como Flusser obrigou Wittgenstein e Heidegger a entrar na sua reflexão sobre língua e realidade, deturpando-os quando for preciso, eu quero forçar Flusser a entrar numa discussão crítica (ácida por vezes) sobre o atual status acadêmico da reflexão filosófica, uma questão que esteve largamente implícita em toda a sua curiosa trajetória brasileira.

Vilém Flusser, pensador tcheco que, fugindo da guerra, acabou passando 31 anos no Brasil, viveu na época de inauguração do atual sistema brasileiro de filosofia, hoje consolidado, e teve relações significativas com esse sistema. Essas relações jogam luz sobre diversas formas de fazer filosofia e suas relações e conflitos mútuos. O contraste gritante, quase ensurdecedor, entre a textura de um texto flusseriano e o tipo de textos filosóficos hoje aceitos como "bons textos de filosofia" ou como "filosofia séria", "competente" e "profissional" dentro do atual sistema brasileiro de filosofia, oportuniza uma reflexão metafilosófica sobre o tipo de filosofia que estamos fazendo e o tipo de sociedade filosófica que ajudamos a construir. Coloca também uma grave decisão a ser tomada: se esse sistema poderia permitir, sem perder a sua identidade cada vez mais rígida, que os estudantes de filosofia pudessem escrever um texto em estilo flusseriano sem serem mal avaliados em provas, seleções e concursos e excluídos por seus pares, com todas as consequências profissionais e morais dessa exclusão.

1. A QUESTÃO DA ESCRITA DE TEXTOS FILOSÓFICOS DENTRO DO SISTEMA HEGEMÔNICO DE PRODUÇÃO DE FILOSOFIA NO BRASIL. A OPÇÃO PELO COMENTÁRIO, HORIZONTAL OU VERTICAL

Como países inicialmente colonizados pela Europa, foi pelo menos compreensível que, ao longo dos séculos XVI e XVII, houvesse, por parte das colônia,s uma atitude de quase total submissão intelectual aos países dominadores, no sentido de produzir um pensamento imitativo, repetitivo e de comentário. Esta submissão, entretanto, nunca foi completa, pois, desde o início, existiram diversas formas de resistência intelectual ao que estava sendo imposto. Houve, desde o começo, utilização de ferramentas conceituais europeias para pensar a dependência, a escravidão, os direitos da invasão e as formas de resisti-la. Parece óbvio que, como intelectuais latino-americanos do século XXI, nós não podemos mais ignorar essa procedência pensante, essa circunstância de inicial invasão cultural e dependência, seguida das mais variadas formas de resistência. Uma atitude de total submissão intelectual parece hoje insustentável.

Poder-se-ia formular claramente pelo menos duas maneiras diferentes de utilizar o legado cultural europeu: (1) expor e difundir o pensamento gerado na Europa; (2) assumir a mesma atitude criativa que os europeus assumiram para construir, difundir e valorizar a sua própria filosofia. Na opção (1), a Europa nos lega um *objeto de estudo*; na alternativa (2), uma *atitude*. Assumindo a primeira alternativa, reapresentamos os conteúdos da filosofia europeia; assumindo a segunda, tentamos fazer filosofia como os europeus fizeram a deles.

Por meio das universidades e instituições de ensino, os países latino-americanos, e o Brasil em particular, têm optado fortemente pela alternativa (1), desenvolvendo atividades filosóficas expositivas e exegéticas do pensamento europeu, cada vez mais especializadas e aperfeiçoadas do ponto de vista técnico de estudo de fontes, línguas originais, tratamento de textos, etc., no que costumo chamar "tecnologia do texto", ou "tecnotextos". Filósofos da atitude (I) costumam ser céticos a respeito do tema da emancipação intelectual a partir da autoralidade, e preferem inserir-se no confortável universo do comentário competente.

As ideias do esquecido pensador brasileiro Mário Vieira de Mello (1912-2006), apesar de ele não estar diretamente envolvido no sistema oficial, podem ser paradigmáticas neste sentido. Em seu livro *Desenvolvimento e Cultura*, de 1963, ele escreve: "No plano político de nada adianta a uma colônia lançar acusações à sua metrópole se as suas condições efetivas não lhe permitem promover a própria emancipação."[1] Segundo esse autor, mesmo que possa ser verdade que as colônias foram economicamente prejudicadas por muitas medidas dos países ricos, também é verdade que os países colonizados se beneficiaram enormemente do ponto de vista cultural na sua relação com Europa. Diante de tal fato, o autor recomenda modéstia e gratidão pelos benefícios dispensados.[2]

O passo decisivo a ser dado para determinar o lugar que cabe ao Brasil no mundo filosófico, segundo Mello, é apresentado num outro livro seu, *O Conceito de uma Educação da Cultura*, publicado mais de 20 anos depois, em 1986. Aqui se admite, em razão de particularidades da emancipação política do Brasil, que "[...] tomamos o partido de sermos simples depositários daquilo que consideramos ser um patrimônio precioso da humanidade, isto é, tomamos o partido de sermos simples depositários da Cultura",[3] o que apresenta, segundo ele, notáveis semelhanças com o papel que teve Alexandria em seu próprio tempo. A própria alienação desta cidade foi o que lhe permitiu transmitir à posteridade as riquezas do patrimônio cultural acumulado pelos gregos. Como Brasil nunca recebeu totalmente um patrimônio cultural, em seu caso a atitude alexandrina teria um sentido altamente criador;[4] é melhor trabalhar para merecer o aplauso dos compatriotas do que tentar colher elogios no estrangeiro.[5]

O sistema brasileiro de filosofia avançou, precisamente, nessa direção. Vilém Flusser viveu na época em que esse sistema estava começando a tomar forma. Tratava-se, desde o começo, de um poderoso projeto institucional de formação de estudiosos, professores e pesquisadores, não de pensadores autorais, ideal que ficava situado num horizonte longínquo e indeterminado, reservado a poucos. Em seu recente livro *Filosofia no Brasil*, Ivan Domingues colocou no papel com clareza inigualável este projeto de uma filosofia institucional. A filosofia no Brasil nasce, segundo o autor, dentro do seguinte processo: fundação da USP em 1934; sucesso das "missões francesas" durante as duas décadas seguintes, na esteira da

Reforma Universitária de 1968; e final implantação do Sistema Nacional de Pós-graduação (SNPG) pela Capes nos anos 1970.[6] Entende-se que, antes disso, existia uma situação de "déficit institucional" (com séculos sem universidades), déficit que esse processo veio a sanar com sucesso.[7] Desse processo surgem como figuras centrais o "virtuose de ofício", o professor universitário e o pesquisador.[8]

As questões da criatividade e "originalidade" são deixadas de lado como um lastro romântico metafísico.[9] Não obstante tudo isso, de vez em quando Domingues assinala que esse Sistema ainda faz diferença entre um pesquisador e um filósofo criador,[10] e proclama o anseio, mesmo como horizonte longínquo, de um pensamento autoral ou original,[11] que surgiria, com o passar do tempo, das entranhas mesmas do Sistema.[12] O específico tipo de textos que surge dentro dessa postura institucional é composto fundamentalmente de estudos históricos, exegeses dos clássicos europeus,[13] livros de divulgação, antologias, manuais, histórias da filosofia, ensaios, *papers*, teses de doutorado, dissertações de mestrado,[14] mas um genuíno "sistema de obras" filosóficas brasileiras, na esteira do que aconteceu na literatura, revela-se apenas *in absentia*.[15] O autor fala, por vezes, de "livros autorais", mas sem mencionar quais seriam estes; apenas se mencionam clássicos de projeção internacional, oriundos das ciências sociais (sociologia, antropologia, história),[16] mas obras semelhantes de filosofia não aparecem.

Tentando propor uma tipologia elementar, creio que o Sistema atual, tão bem descrito por Domingues em seu livro, gera fundamentalmente *dois tipos de textos*. O primeiro seria o comentário erudito de fontes, comentário que podemos chamar "horizontal" ou (abusando de uma terminologia saussureana) "sintagmático", no sentido de partir de uma fonte consagrada – autor ou obra – e analisá-la em profundidade, junto à sua literatura secundária especializada, reiterando as ideias-mestras em níveis críticos mais apurados, esclarecendo, afunilando, aproveitando-se da opacidade e obscuridade dos grandes clássicos e construindo um tipo de texto esclarecedor, mais transparente e crítico e, não raro, admirativo e apologético. Um segundo tipo de texto gerado pelo Sistema é aquele que se apresenta como sendo "apropriação" e "reinterpretação", no sentido de um "pensar junto" aos grandes pensadores. Esses textos não se limitariam, assim se alega, a "comentar" Kant, Wittgenstein, Foucault ou Deleuze, mas a "pensar junto" a esses pensadores, usando-os para guiar o próprio pensamento. Poderíamos chamar esses textos de "reflexão acompanhada" ou "texto-acompanhamento".

Eu não penso que o "texto-acompanhamento" escape das texturas do comentário na direção de algum tipo de texto mais autoral. Apenas mostra que se pode comentar de muitas maneiras, umas mais ricas e menos literais que outras. Os textos "pensar com" ou "textos-acompanhamento" poderiam ser vistos como uma forma diferente e mais sofisticada de comentário, que poderíamos chamar de "vertical" ou (novamente acudindo infielmente a Saussure) "paradigmática", à medida que continuam comentando dentro de uma delimitação alheia do âmbito do pensamento. O texto deixa o próprio discurso ser guiado pelas categorias propostas pelos pensadores utilizados e citados, passando de uma referência à outra num verdadeiro cipoal de referências bibliográficas, de copiosas referências verticais, deixando menos espaço para o próprio pensamento. O comentário coloca-se, neste tipo de texto, em outro formato que o tradicional, mas não vejo por que não considerá-lo como uma forma menos linear de comentário.

Uma das consequências imediatas desta fundação institucional da filosofia, com seus específicos tipos de textos, é o fato de a história oficial considerar que a filosofia começa com o Sistema e que tudo que for anterior não conta, consistindo apenas em diletantismo, autodidatismo, filoneísmo, improvisação e falta de qualidade. Desde a concepção institucionalizada de filosofia, pensadores como Tobias Barreto – um filósofo anterior a esse processo – ou Mário Ferreira dos Santos – um filósofo contemporâneo dele – simplesmente desaparecem.[17]

Minha hipótese de trabalho – largamente debatida em meu livro *Diário de um Filósofo no Brasil* – é que a adoção da alternativa (2) de recepção do legado europeu está bloqueada não porque o brasileiro (ou o latino-americano em geral) não tenha "cabeça filosófica", nem pelas insuficiências técnicas ou de apoio (falta de boas bibliotecas, etc.) *o caminho para um filosofar autoral, paradoxalmente, pode estar bloqueado pelo próprio Sistema que parece esperar por ele*, ao manter-se insensível a qualquer aceno para uma atitude filosófica autoral, considerada "sem seriedade", diletante ou autodidata, ao desprezar qualquer filosofar independente e nortear as atividades filosóficas pela ideia de um "progresso filosófico" instalado numa utópica "modernização", valorizando apenas trabalho exegético – horizontal ou vertical – e desanimando como autodidata e considerando "arrogante" qualquer tentativa de filosofar com as coisas e no meio delas. É dentro deste complicado contexto que prefiro encontrar-me agora com o *autor* chamado Vilém Flusser.

2. ABRINDO ESPAÇO PARA O TEXTO AUTORAL: O CASO DA OBRA *DA DÚVIDA*. VILÉM FLUSSER COMO RUPTURA DO SISTEMA

Dentro da filosofia institucionalizada, deparamos-nos com textos de tipos bastante invariáveis: textos meramente históricos e expositivos, de comentários e exegeses lineares e textos do tipo "pensar junto" ou "textos-acompanhamento". Apesar de todos estes poderem ser, dentro de seus limites, textos filosóficos talentosos e profícuos, o fato de eles serem *os únicos* tipos de texto cultivados, recomendados e encorajados pela atual comunidade de filósofos, *com exclusão de outros tipos*, torna-os, *não em si mesmos, mas dentro desse contexto*, sujeitos à crítica, não pelo que fazem, mas pelo que não permitem fazer (ao insinuar-se como única maneira séria de expor pensamentos filosóficos).

Suspeitamos que exista um terceiro tipo de texto que seria filosófico em seu mais alto grau, se tomarmos como critério aquilo que os grandes pensadores de qualquer canto do mundo consideravam o *contato com as coisas mesmas através da própria autonomia de pensamento*, isto é, um pensar que se debruça em cima de uma questão com as próprias categorias reflexivas, estabelecendo com os autores anteriores ou contemporâneos outros tipos de relação, forçando-os a inserir-se dentro do próprio projeto de pensamento.

Há um caso muito curioso de filósofo deste terceiro tipo que teve uma relação traumática com o Brasil: Vilém Flusser, pensador tcheco morando no Brasil durante décadas, foi tipicamente um filósofo "das coisas mesmas", de estilo ensaísta, ousado e informal, imaginativo, exuberante, explorador, arriscado, temerário, conjectural, paradoxal. A melhor maneira de visualizar Flusser como filósofo é examinar a textura de um de seus textos mais típicos, e ver como ele parece escapar totalmente ao texto-comentário, tanto horizontal quanto vertical, oportunizando, no mesmo movimento reflexivo, uma consideração crítica (bastante sombria) sobre a atual situação das atividades filosóficas no Brasil.

Gostaria de fazer isso entrando em cheio no texto *Da Dúvida*, por ser um texto que se debruça sobre um tema tradicional da filosofia, o que ofereceria a melhor oportunidade para um comentador exegeta glosar e elucidar o que já foi escrito (não como se entrássemos, digamos, pela "História do Diabo", que convidaria muito mais a uma reflexão própria pelo caráter inédito da temática). De um texto, pode interessar-nos tanto a sua temática explícita quanto o seu estilo. Não oculto que meu interesse primordial aqui é o estilo da filosofia de Flusser mais do que seu assunto. Mesmo assim, ou precisamente por isso, para livrar-nos o quanto antes do que não interessa tanto, vou começar por expor sucintamente o que me parece ser o conteúdo essencial do texto *Da Dúvida*.

Uma primeira peculiaridade do texto é o fato de a dúvida não representar, talvez, seu conceito central ou, pelo menos, o termo que mais vezes ocorre ao longo da escrita. O texto seria mais bem batizado como, digamos, "O Intelecto e suas Limitações" ou "Viagem ao Fundo do Intelecto", pois se trata, na verdade, de um ensaio *sobre o intelecto* que, no processo reflexivo flusseriano, vai identificar-se, já desde o início, com a dúvida. Numa genialidade expositiva, Flusser mantém a dúvida num canto da reflexão, ao mesmo tempo lateral e fundamental, não como ator principal, mas como coadjuvante essencial, que não aparece em cada linha, mas sempre em momentos cruciais do texto. O percurso do *pensamento* flusseriano nesta obra ("pensamento" mais do que "argumentação" *stricto sensu*, pois Flusser, como veremos, não foi um pensador essencialmente "argumentativo" no sentido lógico do termo) poderia ser desdobrado em três etapas.

As ideias cruciais da primeira etapa seriam, mais ou menos, as seguintes:[18] (a) a atitude humana imediata diante do mundo é a crença, a fé natural, espontânea e autêntica; (b) ao enfrentar o mundo com seu intelecto, o ser humano perde a certeza primitiva e originária e submerge na dúvida; pensar é duvidar; (c) pensando-duvidando, o ser humano tenta encontrar certezas, mas estas sempre serão diferentes da certeza originária para sempre perdida, tratando-se de meras certezas intelectuais, secundárias ou derivadas; (d) a mediação do intelecto é inevitável na relação dos seres humanos com o mundo, como uma teia de aranha contra a qual será inútil insurgir-se em alguma forma de "anti-intelectualismo", pois tratar-se-ia sempre de um anti-intelectualismo intelectual, de uma das tantas mediações do intelecto; (e) o intelecto, paradoxalmente, tenta captar a realidade do mundo, mas, ao pensá-la, perde essa realidade; essa "perda da realidade" não é uma eventualidade contingente, mas a única maneira de que o intelecto consegue captar o mundo; a realidade fica, ao mesmo tempo, focada e escondida no trabalho da teia de aranha do intelecto, pois, na realidade, há sempre algo de inarticulado e inarticulável, enquanto o intelecto é fundamentalmente organizado e articulado.

A segunda etapa contém, na minha leitura, as seguintes ideias fundamentais: (f) a teia de aranha do intelecto é essencial e inevitavelmente *linguística*; o pensamento é inseparável da linguagem; (g) na linguagem, deparamos-nos com alguns elementos que se aproximam da realidade inarticulada apenas acenando para ela; estes são os "nomes próprios"; e temos palavras secundárias, que se afastam da realidade inarticulada em direção às articulações; (h) as duas funções fundamentais da linguagem são o chamar (ou nomear) e o conversar (ou predicar); mediante os nomes próprios, chamamos a realidade, e mediante as palavras secundárias, conversamos sobre ela, predicamos algo dela; (i) no polo do mais inarticulado, tem-se a poesia; no polo mais articulado, a ciência, que é prosaica e tenta, em todo momento, transformar a poesia em prosa, os versos em conversos, o fluir do inarticulado em conhecimento lógico e crítico; (j) neste processo, o pensamento tende a afastar-se da realidade inarticulada e afundar-se em si mesmo, num processo circular e autorreferente, que se transforma numa repetição tediosa e em conversa fiada, na teimosia do intelecto em tentar reduzir o campo do inarticulado a conhecimento rigoroso.

Finalmente, a terceira etapa é a mais positiva de todas e contém as seguintes ideias: (k) todo este processo leva a uma situação de profunda inautenticidade, de absurdo, de busca do impossível — a articulação do inarticulável, a plena transformação do verso em converso — e de consequente desespero niilista; (l) para enfrentar esta situação, deve-se mudar radicalmente a função do intelecto e as suas relações com a realidade; em vez de insistir em fazer avançar o intelecto sobre o inarticulável e sobre o "de todo diferente" tentando reduzi-lo a símbolos e transformá-lo em conhecimento, o intelecto deveria assumir uma atitude humilde de pavor e adoração, de proximidade a uma realidade abertamente reconhecida como inarticulável e inatingível, sem ânimo de conquista; (m) esta atitude implica um sacrifício ou uma renúncia, não no sentido medieval, de renúncia do intelecto em favor de uma fé, tampouco no sentido moderno, de renúncia da fé em favor do intelecto, mas um sacrifício do intelecto em troca de nada, apenas numa atitude de diminuição das ambições dominadoras do intelecto, transformado em instrumento de adoração e oração; (n) entretanto não há sinais de que esta mudança esteja acontecendo; pelo contrário, o pensamento continua apontando para o *rigor mortis* da conversação conquistadora, do pensamento autorreferente e da conversa fiada; não obstante isso, este ensaio é uma pequena contribuição na direção dessa modificação sacrificial do intelecto.

Até aqui o conteúdo temático do texto, foi esboçado de maneira inevitavelmente traiçoeira e deturpadora. (Os textos alheios também são —

flusserianamente falando – partes dessa realidade, da qual só nos podemos aproximar perdendo-a). Eu concordo com Flusser ao afirmar que a melhor relação com outros autores não consiste apenas em comentá-los e repeti-los, mas em desafiá-los e elaborá-los dentro do próprio pensamento. Nesse sentido, eu teria algumas diferenças marcantes com Flusser no tocante à questão da dúvida. Ele critica Descartes por tentar "superar a dúvida" em direção a uma certeza inabalável (que, em seu caso, seria o Eu). Podemos estar de acordo que essa "superação da dúvida" não seria desejável, que a dúvida deveria ser "preservada e protegida". Mas, precisamente por isso, a "dúvida da dúvida", que Flusser descarta, é, sim, uma postura *legítima*, à medida que submete a própria dúvida ao procedimento da dúvida, não na tentativa de chegar num porto seguro e inabalável, mas, pelo contrário, com o intuito de não depositar nada nesse porto seguro, nem sequer a dúvida. Nesse sentido, a dúvida não deveria ser "preservada e protegida"; dever-se-ia duvidar *de tudo*, inclusive da dúvida, não para colocá-la a salvo nem, muito menos, para superá-la, mas, pelo contrário, *para colocá-la no mesmo terreno de risco que qualquer outra coisa*, ou seja, para submeter a dúvida a uma dúvida impiedosa e sem exceções.

Flusser retrocede espantado diante dessa possibilidade, que ele vê como estímulo ao perigo do "niilismo", considerada por ele uma postura "insustentável" que deve, forçosamente, "ser superada". Já na introdução do texto, ele afirma que esta possibilidade é apenas intelectual, não algo existencialmente vivível, e que, num primeiro momento, os poucos que a experimentaram foram considerados loucos. Na situação atual, a "dúvida da dúvida" é vista como uma ameaça para a fé, a sanidade e a liberdade, esvaziando o conceito de realidade. É o próprio suicídio do intelecto. A "dúvida da dúvida", o niilismo, é situação existencial insustentável, um progresso rumo ao nada e ao desespero. Trata-se de uma situação que deve ser superada, por meio de alguma saída que nos dê um novo sentido da realidade. Nos últimos capítulos da obra, Flusser esboça, de maneira obscura e sugestiva, essa saída, pela via da diminuição sacrificial das ambições conquistadoras do intelecto, transformado num campo de festa e de adoração do de tudo diferente, elementos de uma espécie de misticismo leigo.

A partir disso, eu vejo no pensamento de Flusser um poderoso elemento afirmativo,[19] que sempre pode ser desafiado desde a perspectiva de uma filosofia negativa.[20] Flusser acredita em algo que foi perdido e deve ser recuperado (reedição moderna do esquema neoplatônico tradicional?), numa realidade cujo sentido se precisa descobrir. Ele aceita que categorias afirmativas como fé, sanidade e liberdade podem ser colocadas no lugar do bem, sendo o contrário no mal, e que devemos entabular uma luta em prol do bem, precisamente a novela valorativa que Heidegger queria evitar na sua austera análise existencial em *Ser e Tempo*, mas que dificilmente driblou com sucesso em seu período posterior.

"Duvidar da dúvida" significaria reconhecer a sustentabilidade do ponto de vista dogmático, aquele que pretende não ficar na dúvida (como, por exemplo, na postura cartesiana). Isso é uma postura perfeitamente sustentável. Aqui há, como sempre, dois lados (o "*zwei*" da palavra alemã "*zweifeln*"): pode-se dizer que, por um lado, o duvidar aponta para um lugar no qual a certeza seria desafiada em benefício da dúvida; mas, por outro lado, "duvidar da dúvida" apontaria para um lugar onde a própria dúvida é desafiada em benefício de alguma certeza; ambos os movimentos deveriam permanecer frente a frente no espaço da discussão, sem anular-se mutuamente. Se duvidar de tudo, inclusive da dúvida, conduz a certo tipo de niilismo, pode tratar-se de um niilismo criador e tolerante, em que nenhuma postura (nem a dúvida nem a certeza) fala desde o lugar do absoluto.

No texto de Flusser, por contraste, alberga-se um forte anseio de absoluto, de fundamento religioso a ser recuperado dentro da imanência, por meio de uma experiência existencial. Essa saída não é aqui desqualificada, mas apenas relativizada: perfeitamente podemos *não* estar interessados nesse misticismo da prece, do pavor e da adoração. Flusser cometeria aqui dois erros muito comuns no pensamento sobre o nada: primeiro, ver o nada apenas em termos de "niilismo", ou seja, não ver nada de criador no nada; segundo, tentar preencher o nada da existência com algum conteúdo afirmativo, transcendente ou imanente, em vez de deixá-lo permanecer como lugar vazio, como lugar genuinamente humano, no meio do desamparo e do mal-estar, sem superação.

Entretanto tudo isso interessa menos nessa minha aventura propositalmente não hermenêutica. O que mais me importa aqui é *o estilo da escrita flusseriana*, a peculiar maneira com que Flusser constrói a textura de seu texto, seu tecido mais íntimo e peculiar, especialmente, o imenso *poder político* que essa textura flusseriana pode ganhar nesse peculiar momento de consolidação do Sistema Filosófico brasileiro, tal como antes descrito. Vou arriscar aqui, também de maneira totalmente especulativa e conjectural, algumas hipóteses sobre as características mais marcantes do estilo flusseriano de exposição de ideias.

(a) Flusser se debruça sobre um assunto com suas próprias forças reflexivas, pensa *desde si mesmo*, com uma entrega inicial à coisa; não, claro, a uma enigmática "coisa-em-si" livre de qualquer aderência teórica, mas uma coisa escolhida como assunto de pensamento desde seu próprio movimento na realidade e na intuição do pensador, não a partir de um texto ou de uma referência bibliográfica. O autor não está aqui tentando burilar, atenuar ou radicalizar um pensamento alheio, nem dar alguma "visão alternativa" ou um "novo aporte" para o tratamento ou a resolução de um problema consagrado.

(b) Não há, na textura do texto flusseriano, identificação confiável de "corrente de pensamento"; o autor não se filia na analítica da linguagem nem na hermenêutica, fenomenologia ou filosofia da existência, mas pensa num complexo cruzamento de todas essas tendências, como se a fidelidade à coisa obrigasse a pisar bordas e cortar cercas estatuídas. Tampouco há uma identificação disciplinar clara, no sentido de que o texto *Da Dúvida* não é apenas — como se poderia pensar — um texto de epistemologia, pois ele contém reverberações éticas, estéticas e metafísicas fundamentais; a questão da dúvida não é aqui um mero problema "cognitivo", como podia sê-lo na reflexão cartesiana.

(c) A relação do texto com a literatura anterior sobre o assunto é de incorporação ou de confluência pontual, mas é sempre ele, o autor, quem fornece o enquadramento, as coordenadas, a direção e o eixo do pensamento. O texto mostra, em sua leitura, uma espécie de *erudição implícita*, embutida nele, que se revela de maneira indireta, não na forma de citação ou ostentação de fontes. Nesse sentido, não há "fidelidade a autores", ou um "sólido conhecimento" destes, muito menos uma "especialidade" em relação a eles, que são incorporados à força no próprio fluxo de pensamento.

(d) O encadeamento dos pensamentos é, ao mesmo tempo, argumentativo e narrativo. Há um rigor do pensamento, mas também certa *dramatização de conceitos indispensável*, um suspense, uma procura vital, um desfecho doloroso e incerto e, não propriamente, uma "conclusão" lógica. O texto é intencionalmente aporético, de idas e voltas, segue um fluxo vital inquieto e contrastante, bordeando o paradoxal.

Vou comentar cada uma dessas características formais e estilísticas do texto flusseriano, mostrando como elas desafiam abertamente todas as mais caras exigências do texto acadêmico encorajado pelo atual Sistema em vigor.

(a) O Sistema atual mantém uma atitude de total ceticismo a respeito de qualquer ato de debruçar-se sobre as coisas mesmas sem a mediação de textos. As técnicas filosóficas podem ser diferentes, mas "[...] têm em comum o fato notório de que elas operam com textos e usam os textos como fontes e meios de suas demonstrações. Simplesmente, a filosofia está nos textos, e antes de mais nada textos dos clássicos, que criaram tudo e o melhor que podemos fazer é aprender com eles".[21] Qualquer tentativa de falar das coisas mesmas seria vista como diletante ou autodidata e carente de qualidade técnica.

De uma maneira totalmente natural (não seguindo um método prévio a ser depois "aplicado"), Flusser escreve textos que não têm como referência outros textos, mas que falam vibrantemente sobre situações, estados, fenômenos, conjunturas, eventos, episódios, catástrofes, homens e mulheres concretos, ações e reações, sofrimentos existenciais e resistências políticas. Nisso, ele segue um estilo orteguiano de filosofar,[22] como exposto em obras como *Meditaciones del Quijote*, quando Ortega fala dos portos de Guadarrama como um tópos concreto de seu pensamento: "*Mi salida natural hacia el universo se abre por los puertos de Guadarrama o el campo de Ontígola*".[23] Sob a égide do Sistema atual, parece cada vez mais difícil seguir o conselho de Ortega, de abrir a janela e filosofar sobre o que vemos; quando hoje abrimos uma janela e tentamos ver a paisagem, já nos deparamos com um texto que fala sobre a paisagem (como naquelas cenas do começo de *Zabriskie Point*, o filme de Antonioni, cuja paisagem real apenas se perfila no meio de aluvião de letreiros de propagandas). Parece que o mundo foi embora, que as coisas não aparecem a não ser por meio de referências secundárias. Qualquer tentativa de captar o real se tornou plágio.

Ortega é um autor longínquo do Sistema (embora tenha sido influente em muitos pensadores brasileiros ao longo do século XX, paralelamente à formação e consolidação do Sistema),[24] mas Arthur Schopenhauer é um dos autores explicitamente mencionados e admirados no panteão do Sistema.[25] Já na sua obra fundamental, *O Mundo como Vontade e Representação*, ele tinha defendido um pensamento das coisas mesmas, dos enigmas da existência humana no grande livro do mundo, e não da filosofia como estudo de textos, atacando a leitura como diminuição do próprio pensamento: "O que separa o filósofo inautêntico do autêntico é o fato, para este, da perplexidade provir da visão do mundo mesmo, enquanto para o primeiro provém simplesmente de um livro, de um sistema já existente".²⁶ Nesse sentido, há algo de fortemente schopenhauereano nos textos de Flusser.

Nos Complementos da sua obra fundamental, Schopenhauer insiste:

*Livros comunicam só representações secundárias [...] Esclarecer palavras com palavras, comparar conceitos com conceitos, algo em que consiste a maior parte do filosofar, é no fundo uma brincadeira com o mover as esferas dos conceitos para ver qual delas encaixa em outra e qual não [...] Ao contrário, intuir, deixar que as coisas mesmas falem para nós, apreender novas relações entre elas, transportar e depositar tudo isso em conceitos a fim de mais seguramente possuí-los; isso fornece novos conhecimentos.*²⁷

Em seu último livro publicado, *Parerga e Paralipomena*, encontramos numerosas ideias sobre o filosofar autoral e a crítica de uma filosofia institucional. Além do famoso opúsculo "Sobre a filosofia universitária", Schopenhauer inclui aqui textos cruciais como "Sobre a erudição e os eruditos", "Pensar por si mesmo" e "Sobre a leitura e os livros". No primeiro deles, defende os diletantes e estudiosos independentes – tão criticados pelo Sistema – precisamente como aqueles que se atrevem a pensar nas coisas mesmas em vez de comentar; critica mordazmente as "especialidades", o excesso embrutecedor de leituras que embota o próprio pensamento e destaca o valor de descobrir por si mesmo o que depois achamos em livros.²⁸

(b) No atual Sistema, os pesquisadores credenciados tomam partido, às vezes fanaticamente, ou pela maneira analítica de filosofar pela maneira continental (hermenêutica-existencial), que representam os dois polos do pensamento europeu, criando uma forte dicotomia entre ambos, não oportunizando cruzamento algum entre eles, e, inclusive, criando verdadeiras inimizades e campos de batalha sobre as suas diferenças. As adesões escolares são nítidas e excludentes. Pelo contrário, Flusser cultiva uma espécie de *oscilação reflexiva* analítica/existencial capaz de visitar, num mesmo texto, da autenticidade e a questão da expressão flexional da mesma. Permanentemente são entrecruzadas as linhas reflexivas existenciais e analíticas, as questões da vida e da linguagem, não como produto de alguma intenção explícita ou de um projeto prévio de escrita, mas acontecendo naturalmente na textura mesma do texto. Certamente, os textos de Flusser seriam considerados pelo Sistema carentes de identidade, metodologicamente indeterminados e confusos. Se o tecno filósofo do Sistema tivesse a paciência de ler boa parte da obra de Flusser, ficaria chateado pelo fato de não conseguir classificá-la.

(c) Algo semelhante acontece com as áreas tradicionais da filosofia, epistemologia, ética, e estética. À primeira vista, se poderia ler a obra *Da Dúvida* como um texto de epistemologia, pois a dúvida tem sido colocada, tradicionalmente, como atitude cética ou cautelosa diante do conhecimento do mundo. Entretanto, em seu peculiar tratamento da dúvida, Flusser envolve, por exemplo, a questão do niilismo, que não é propriamente uma postura epistemológica, mas ética e metafísica; inclui também a questão do simbólico, como o alegórico e a análise da frase, trazendo à tona a filosofia da linguagem; envolve a questão do sagrado e do sacrifício, uma questão religiosa, e também uma proposta de diminuição do intelecto e mudança de seu espírito de conquista, um corolário eminentemente ético. E à medida que este sacrifício do intelecto fornece as bases para uma espécie de austeridade minimalista, questões estéticas são também envolvidas. Do ponto de vista acadêmico do Sistema, toda essa riqueza especulativa seria vista como simples "confusão de esferas", frutos de um pensamento indisciplinado que não consegue permanecer numa área. Cada um desses domínios, de acordo com o Sistema, mereceria atenção especial de um "especialista", já que não é possível abranger todas as áreas; a maneira flusseriana de pensar levaria a uma "dispersão" que "impede o aprofundamento".

(d) No texto *Da Dúvida* não há citação alguma de Heidegger, Sartre, Russell, Wittgenstein ou Nietzsche. Não obstante, esses pensadores estão profundamente *presentes* (alguns mais do que outros) ao longo do texto. Quando Flusser substitui o "Eu penso" de Descartes pela expressão "pensamentos ocorrem", tentando focar pensamentos sem o controle de um "Eu", beira de perto a tese sartreana de *A Transcendência do Ego*, de 1937. Sartre também é implicitamente evocado na concepção da frase como projeto existencial apresentada em "O Ser e o Nada". Quando Flusser considera "nomes próprios" partículas como "aqui" e "lá", está muito perto das considerações de Russell sobre nomes logicamente próprios. A ideia de partir do niilismo para superá-lo pode ser encontrada em Nietzsche e Heidegger. A poesia como nomeadora originária das coisas e a análise do tornar prosaico o verso são fortemente heideggerianas, e a ideia da frase espelhar as coisas na realidade, assim como o caráter sagrado do silêncio, são wittgensteineanas. (Outras alusões são mais sutis: a ideia do "de todo diferente" é muito aproximada da ideia de Rudolf Otto, do "totalmente outro", e Flusser utiliza em seu texto a expressão *mysterium tremendum*, um dos termos-chave do livro de Otto sobre o santo.)

Mas enquanto o acadêmico tecno filósofo ficaria apontando tudo isto como prova da "falta de originalidade" de Flusser, na minha leitura, entendo que Flusser não precisa "citar" esses pensadores porque ele prefere "convocá-los" em função da lógica interna da sua própria reflexão. O texto de Flusser não fala *sobre* estes autores, nem mesmo *com* eles, mas *através* deles, utilizando-os e dispensando-os por meio de usos rápidos e funcionais aos próprios objetivos. Seria impossível reconstruir o sentido geral do texto *Da Dúvida* apontando para as ideias desses outros autores, pois o particular uso que se faz deles impede essa reconstrução; nada fica dos autores usados (ou abusados) uma vez embutidos na reflexão flusseriana. A infidelidade a autores, a sua "má interpretação", é essencial para construir o sentido do novo texto, que só floresce sobre as cinzas dos autores violentamente utilizados e abandonados. Pelo contrário, o Sistema adota uma atitude de contemplação devota diante do texto clássico, do qual apenas devemos docilmente apreender, não sem nos permitir, de vez em quando, a "crítica", mas sem nunca abalar o caráter consagrado da fonte à qual devemos fidelidade e constância.

(e) Por último, Flusser argumenta, de maneira não totalmente "lógica", seguindo um fluxo rico e irradiante de pensamento, por vezes narrativo e poético, o que provoca saltos argumentativos difíceis de acompanhar. Utiliza-se o termo "narrativo" no atual Sistema de maneira fortemente pejorativa, para desqualificar sumariamente textos filosóficos. Em seu estilo, Flusser pratica algo que poderíamos chamar de *associação ligada*, em contraste com a "livre associação" da psicanálise. Ele vai encadeando pensamentos que, por vezes, se torna muito difícil acompanhar. Já as primeiras partes do texto *Da Dúvida* estão cheias de afirmações discutíveis, que dariam arrepios a qualquer "especialista" se apresentadas sem o sustento de algum autor consagrado, como quando se afirma que o ponto de partida da dúvida é sempre uma fé, que esta é o estado primordial do espírito e que as tentativas dos espíritos corroídos pela dúvida de reconquistar a fé original não passam de nostalgias frustradas. Aqui achamos afirmações taxativas sem uma justificação demorada, intuições iniciais muito fortes, conexões longínquas e ricas (por exemplo, entre Kant e os positivistas), e alusões rápidas a textos fundamentais (sobre o Sísifo, de Camus).

O texto está cheio de frases extraordinárias do ponto de vista lógico-analítico (p. 27), ligando existencialismo e lógica formal como duas abdicações do intelecto em favor da vivência bruta e inarticulada (p. 52-53); ou, quando se afirma que o pensamento é um processo que corre em busca de sua própria completação (p. 44); ou como a afirmação, de que a frase pretende predicar sucessivamente tudo a respeito do seu sujeito até esgotá-lo (p. 56); ou quando discorre que o nome próprio é a expulsão (expressão) do de tudo diferente para fora de si mesmo (p. 94); ou as afirmações do último capítulo acerca do orgulho de ser sacrificado e o ritual da festa que converteu o fogo prometeico e a torre babilônica em ciência exata, tecnologia, psicologia profunda, economia planejada e arte abstrata. O texto abunda em expressões poéticas, como "O nome próprio adora a coisa" ou "A conversação é uma dança ritual em torno do inarticulável", estabelecendo associações fabulosas e riquíssimas que partem para todas as direções.

Aqui corremos o risco de criar um comentador exegeta flusseriano encarregado de conferir sentido a tudo o que o autor declara, por mais confuso que seja. É claro que sempre se poderá apresentar uma exegese que confira sentido ao que não se entende, enquanto maior for a admiração que o autor nos desperta. Tal como está escrito, o texto de Flusser suscita dezenas de sentidos, estimulando a própria capacidade *associativa-ligada* do leitor. O exegeta flusseriano poderá dizer que, para ele, as afirmações são todas perfeitamente claras, escolhendo algum sentido particular — entre muitos outros — que torne significativos os trechos mais obscuros. Eu penso que há perfeito sentido em produzir textos filosóficos irradiantes e polivalentes como os de Flusser, não estritamente referenciais, mas sugestivos e abertos.[29] Mas, diante de alguma leitura alternativa, o exegeta flusseriano talvez não tenha o direito a dizer: "Não é isso o que Flusser intencionava dizer", uma vez que as frases originais se prestavam a múltiplas leituras.

Pelas características (a)-(e) do texto flusseriano *Da Dúvida*, ele se torna um *texto impossível* para o Sistema vigente, não porque apresente ideias controversas, mas porque o texto está pensado e tecido de uma maneira inassimilável para o sistema institucional da filosofia. É mais pela sua forma — não apenas pelo estilo, mas pela matriz mesma do pensar — que os textos de Flusser, em geral, são *impossíveis* para o Sistema. Diante desse tipo de texto, o "filósofo profissional" ou "tecno filósofo" do Sistema dirá: "Sim, realmente, este tipo de texto não se parece com nenhum texto filosófico que conhecemos; mas isso não se refere a alguma forma de filosofar mais genuína, senão apenas para o fato de Flusser não ser realmente um filósofo, mas um ensaísta poético que nem sequer sabe argumentar". E de fato, já na época em que estava no Brasil, muitos acharam que Flusser não era um pensador sério:

> *Flusser se recusava a mencionar outros autores, a criar notas de rodapé; também tinha o hábito de desenvolver uma linha de argumento completamente nova em cada artigo que escrevia. Isso o desqualificava como acadêmico. Muitos críticos apontavam a abundância de hipóteses e o caráter especulativo da filosofia de Flusser; enquanto alguns se fascinavam, para outros, isso parecia ser a prova da falta de seriedade de Flusser.*[30]

Maria Lília Leão, que num artigo do mesmo volume se autodefine corajosamente como "livre pensadora" (um dos termos abominados pelo Sistema), também indica vários textos em que Flusser se coloca frontalmente contra a filosofia institucional acadêmica: "[...] devo formular meus pensamentos em estilo acadêmico (isto é, despersonalizado) ou devo recorrer a um estilo vivo (isto é, meu)? [...] O estilo acadêmico é um caso especial de estilo. Reúne honestidade intelectual com desonestidade existencial, já que quem a ele recorre empenha o intelecto e tira o corpo".[31] Em seu livro sobre Flusser, Eva Batlickova declara que: "O ensaio não foi para Flusser apenas um estilo literário. O ensaio era uma postura filosófica. [...] Para Flusser, o ensaio é oposto ao estilo acadêmico, é vivo, o autor está sempre presente e exprime por si mesmo a vivência do problema sobre o qual escreve. O estilo acadêmico é impessoal, o ensaio é engajado".[32] E Gustavo Bernardo arremata: "Flusser afirma que ninguém pensa academicamente, faz de conta que assim pensa. Escolher a forma de tratado implica pensar o assunto e informar o que se pensou para os outros, tendo todo o cuidado de informar primeiro o que outrem teria pensado a respeito".[33]

Não ser levado a sério pelo Sistema Filosófico Institucional tão bem descrito por Domingues parece um destino pouco evitável para um pensador autoral em nosso atual ambiente acadêmico. Mas isso é particularmente problemático no caso de Vilém Flusser, por ser ele um filósofo importante que morou no Brasil, pensou e escreveu em português durante várias décadas. Tudo parece indicar que o Brasil, após ter albergado Flusser durante décadas sem reconhecê-lo como pensador, agora admite que ele foi mesmo um filósofo.
Um documento singularmente interessante para visualizar este aspecto da questão é o depoimento um tanto constrangedor de Giannotti a respeito de Vilém Flusser, publicado no livro *Vilém Flusser no Brasil*. Giannotti apresenta Flusser, em sua lembrança, como "uma espécie de desafio", "reatando com a tradição ensaísta e com a tradição, vamos dizer assim, mais imaginativa da filosofia, enquanto nós éramos defensores radicais do pensamento racional" (p. 228). Malgrado a possível simpatia atual de Giannotti pela recuperação do estilo do ensaio, que Flusser já ilustrava naquela época, ele declara que, naqueles tempos:

"[...] os campos ideológicos estavam muito bem definidos" (p. 229) e: "[...] o fato de certas pessoas terem vinculações com o nazismo, com o fascismo e com a direita, para nós era um obstáculo a uma aproximação e havia, nitidamente, já uma separação [...]". E continua: "[...] a partir do golpe de 1964, as coisas se politizaram profundamente, isto é, foram as pessoas ligadas ao Instituto Brasileiro de Filosofia, afinal de contas, que apoiaram o regime militar... E, de certo modo, Flusser navegando entre todas as correntes dava-lhe uma... tirava-lhe o perfil, num momento que para nós o perfil político era antes de tudo mais importante [...] (p. 230).

Por um lado, Flusser tinha, ao olhar de Giannotti, esta indecisão política; por outro, ele apresentava, em seu trabalho filosófico, algo de "arcaico, em relação a um projeto de uma instalação de uma rede universitária no país" (p. 234). O desencontro com Flusser, que Giannotti parece lamentar nos dias de hoje, era, afinal de contas, explicável. Mas:

A situação hoje é totalmente diversa, porque agora nós chegamos num momento em que o departamento se esgotou, que esse pensamento técnico também se esgotou, ele se transformou numa espécie de engessamento do pensar, não é isso? Eu mesmo estou aconselhando a meus últimos alunos que procurem mais o ensaísmo, que abandonem a tese como forma literária, porque a grand thèse francesa a meu ver se esgotou no Brasil (p. 234-35).

Por mais importantes que possam ter sido estas ligações no passado, creio que os novos estudantes de filosofia não têm porque pagar por velhos traumas. Não existe ligação conceptual profunda entre "ser de direita" e acreditar numa filosofia autoral em primeira pessoa que não se reduza ao mero comentário, horizontal ou vertical. Se alguma vez existiram pessoas em quem estas duas coisas se deram juntas, está mais do que na hora de entender que se pode apoiar certo tipo de filosofar sem adotar por isso as posturas políticas daqueles que alguma vez sustentaram ideias semelhantes.[34]

Por outro lado, assim como os cristãos mais lúcidos se dão conta de que Cristo, se voltasse, seria novamente eliminado (não na cruz, mas na cadeira elétrica ou silenciado por *impeachment*), de forma semelhante estou certo de que Vilém Flusser continuaria sendo excluído e rejeitado pelo sistema atual já consolidado, talvez ainda com mais força que nos anos 1950 ou 1960, quando esse sistema era ainda fraco e mal constituído.

3. DE COMO OS TEXTOS DE VILÉM FLUSSER PODEM ABRIR CAMINHOS PARA A EMANCIPAÇÃO INTELECTUAL (UMA LEITURA POLÍTICA)

Como foi apontado, parece haver um vínculo estreito entre a atitude que assumimos diante da situação de dependência cultural e a resistência, e o tipo de textos filosóficos que somos capazes de escrever. Escrever textos exegéticos, mesmo "críticos" e verticais como aqueles que o Sistema recomenda pode acentuar a dependência cultural e bloquear a resistência, enquanto os textos de Flusser, com independência de seus assuntos, podem nos mostrar um caminho emancipador.

É curioso que o Sistema considere, em todo momento, que ele conseguiu superar a situação de colonização dos períodos anteriores ao século XX. Para o Sistema, o "intelectual colonizado" ficou no passado, moldado pelo filoneísmo, o transoceanismo e os modismos.[35] O Sistema pensa que, depois de adquirir as técnicas intelectuais mais refinadas vindas da Europa – processo que começa com a instalação das "Missões Francesas" na jovem USP e a formação dos primeiros virtuoses brasileiros – ele está enveredando por um caminho de "autonomia".[36] Tratar-se-ia da entrada do Brasil filosófico na "modernidade", superando os déficits da colônia e salientando o "papel modernizador" das missões francesas de "[...] difundir entre nós o que de melhor havia no primeiro mundo em diferentes campos das humanidades [...]"[37]. Fala-se com satisfação da superação do sistema "pós-colonial" e do "complexo de colonizado".[38] Há um marcado tom de satisfação nos narradores oficiais da situação atual da filosofia no Brasil, quase ufanista, quando se manifesta que: "[...] a filosofia brasileira abandona a rota do diletantismo bacharelístico-livresco e trilha as sendas do *scholar* e do profissionalismo, passando a remodelar a filosofia europeia, depois de ter sido moldado por ela" (p. 15), ou que "[...] passado o tempo da cópia e do mimetismo [...]",³⁹ "[...] depois de décadas de incubação, graças aos franceses, chegou a sua 'hora da verdade' [...]",⁴⁰ ou da sua "maturidade" e "[...] começo da filosofia autônoma no Brasil".⁴¹

O Sistema tem da invasão e colonização espanhola e portuguesa uma tranquila visão de "choque de culturas", com o predomínio evidente dos europeus e a derrota definitiva dos autóctones. Toda a violência da colonização – tão bem exposta em clássicos do pensamento hispano-americano, desde Bartolomeu de Las Casas até Enrique Dussel – é aqui apagada em benefício de um mero "encontro cultural" de diferenças, no qual a maior dificuldade são os problemas de "transplantação".⁴² Toda a brutalidade avassaladora da invasão e colonização da América, a eliminação de culturas e a dizimação de populações inteiras são tratadas com distanciamento. As análises da situação na filosofia no Brasil estão feitas sistematicamente às costas do resto da intelectualidade da América Latina, dispensando totalmente a tradição que parte, pelo menos, das obras do cubano José Martí e do peruano José Carlos Mariátegui, passando pela polêmica Salazar Bondy/Leopoldo Zea, até a fundação das filosofias da liberação na Argentina e os atuais estudos sobre pós-colonialidade. Em toda essa tradição se tem destacado e acentuado, de diversas maneiras, a diferença crucial entre "colonização" e "colonialidade", e a ingenuidade de pensar que a superação dos impasses da colonização possa implicar uma superação da *matriz colonial*.⁴³

Já no prólogo de seu livro *La Idea de América Latina*, de 2005, Walter Mignolo apresenta o projeto da modernidade como a outra cara da colonização.[44] A "entrada na história" implica aceitar a temporalidade europeia, de tal forma que a única chance de povos "sem história" entrarem na história é deixarem-se colonizar.[45] A "descoberta da América", a escravização de negros e o extermínio de índios são partes essenciais da fundação da modernidade.[46] Uma transformação decolonial é, por isso, indispensável, deixar de pensar na modernidade como um objetivo a ser atingido, e vê-la como construção que favorece os interesses da dominação. "O diálogo só começará quando a 'modernidade' for decolonizada e despojada da sua mítica marcha em direção ao futuro".[47] Também o filósofo colombiano Darío Botero Uribe insiste em seu livro clássico, *Manifesto do Pensamento Latino-americano*, nos perigos da "modernização"[48].

No caso das "missões francesas" no Brasil, nada impede vê-las como uma forma de colonização por meio da "modernização", com uma imposição dos clássicos europeus como *via regia* para a única filosofia possível, coibindo qualquer desenvolvimento interno das possibilidades e tensões reflexivas americanas dentro das suas próprias temporalidades. O que aqui acontece não é, nessas linhas, uma superação da colonização, mas seu aprimoramento. Em lugar de adotar de maneira aleatória as últimas modas europeias, educa-se unilateralmente para assimilar e expor o pensamento europeu de maneira rigorosa.[49]

Aqui Vilém Flusser volta a ser exemplar, ao tentar, em vários de seus textos (como a "Fenomenologia do brasileiro" e "Pós-história"), uma reflexão complexa sobre história, modernidade e progresso, ligada, de maneira fortíssima, com as suas ideias sobre os media e a comunicação, sem nunca aceitar, de maneira linear e simplória, as benesses da modernização e as regalias do progresso, que tanto parecem fascinar brasileiros e latino-americanos em geral. Não seria o caso de comentar aqui pormenorizadamente esses outros textos, mas apenas assinalar o que se apresenta como estritamente necessário para reforçar a tese do presente escrito, de *que Flusser representa claramente, em seu estilo de filosofar, uma ruptura profunda com o Sistema vigente de filosofia no Brasil.*

Considerando-se a história do Ocidente como a cultura *histórica stricto sensu*,[50] e se "história" for entendida como "soma dos atos decisivos",[51] serão compreendidas as relações "entre a faixa histórica e o resto da humanidade (um resto que poderia ser chamado de ahistórico ou pré-histórico, não importa)".[52] Flusser considerou sempre o que ele chama "essência brasileira" como "não histórica", e a sua grande tentação (não só do Brasil, mas da Argentina e de toda América Latina) tem sido a de sair da não história para entrar na história, sendo reconhecido pela Europa. Para o europeu Flusser, por contraste, essa história europeia está em claro processo de esgotamento, e, portanto, resulta absurdo tentar propagar esses valores — na forma de um "processo civilizador" — nas sociedades não históricas. Aquela história na qual as "missões francesas" da USP estavam tentando iniciar os brasileiros — ignorantes e ávidos de saber — era precisamente a história que se tornou problemática e insuportável na visão de um europeu lúcido (e Flusser estava em posição privilegiada para captar isso, pela sua condição de intelectual histórico levado pelas trágicas circunstâncias a viver numa sociedade a-histórica).

Na reflexão de Flusser, essa pretensão "modernizadora" do brasileiro, sobretudo das suas elites, pretendendo fazer a cultura brasileira entrar na história (europeia), apresenta-se como ingênua e fadada ao fracasso,[53] além de afogar as possibilidades profundas de desenvolvimento de uma cultura própria e de promover o nascimento de um novo homem. Para ele, precisamente essa "essência não histórica", ligada com a primazia do inconsciente, o emotivo e o intuitivo, representa algo de profundamente positivo, que não deveria ser afogado na ânsia de "modernização" e de "entrada na história", especialmente o anseio daquela burguesia brasileira "vítima da ilusão de dever abandonar a sua essência para penetrar, como o Japão, no palco da história...".[54] "O que o burguês brasileiro arrisca é justamente aquilo que os homens históricos almejam sem poder alcançá-lo. Tal tendência historicizante encobre para o brasileiro sua essência não histórica, e torna impossível para ele encontrar-se".[55] Esse engajamento na história tem provocado, habitualmente, perda de identidade, na intenção de simplesmente copiar a cultura histórica em vez de assimilá-la (de digeri-la com o próprio estômago).⁵⁶

Parece evidente que Flusser aplicaria todo o conteúdo dessa rica reflexão ao caso da fundação da filosofia institucional da USP, que estava acontecendo precisamente na época em que ele morava em São Paulo. No final do texto *Da Dúvida*, ele afirma que a maioria dos intelectos aparentemente empenhados na conversação não participa efetivamente dela, pois são intelectos inautênticos descaídos em conversa fiada. Ele diz que, do ponto de vista da maioria, isso significa um "progresso" e, portanto, todo seu texto se apresenta como uma obstrução desse progresso. No capítulo "Cultura" da *Fenomenologia do Brasileiro*, Flusser se refere especificamente ao caso da filosofia. Ele fala da cultura brasileira como "defasada" não apenas por repetir fases esgotadas da cultura ocidental, mas porque não as vivencia: "Essa falta de vivência confere à cultura um aroma de papel impresso [...]" gerando "um curioso preciosismo e academicismo".⁵⁷ Flusser considera a filosofia como algo tipicamente histórico, e, portanto, avesso à essência brasileira: "[...] sendo o pensamento brasileiro não histórico, não tende para a filosofia [...]"; e aqueles que sentem certa atração pela filosofia "[...] se 'disciplinam' e restringem a sua atividade a comentários de textos que não deixam de ser escolásticos por chamarem-se a si próprios, obedecendo à moda, 'estruturalistas'".⁵⁸

É claro que se podem dirigir muitas críticas a essa visão de Flusser sobre o histórico e, particularmente, à sua perspectiva, tipicamente europeia e talvez eurocêntrica, do Brasil e da América Latina como uma "essência não histórica"; isso mostraria talvez a sua incapacidade de europeu, mesmo lúcido, para visualizar *a particular historicidade da América*, um tema hoje bastante debatido, ligado com temporalidade e memória, a historicidade traumática da invasão e da destruição, bem como das diversas formas de resistência contra a dominação e a dependência, desde o século XVI até hoje. No pensamento de Flusser, a Europa é criticada não pela sua intencionalidade dominadora e centralista, mas apenas por representar uma historicidade esgotada; ele ainda não consegue livrar-se totalmente da atitude do europeu racionalista fascinado pelo caráter "intuitivo" e "emocional" dos povos "não históricos", produto daquela cegueira, para compreender que povos diferentes podem ser *históricos* de maneiras diversas. O caráter "não histórico" do Brasil e de América Latina poderia estar apontando para uma historicidade peculiar ainda a ser descoberta.

É por isso que eu prefiro ver o gesto mais genuinamente emancipador de Vilém Flusser em seu estilo e em sua escrita, mais do que em suas ideias sobre emancipação, que ainda podem conservar um tom eurocêntrico, talvez inevitável. Ele indica caminhos de emancipação do pensamento por meio das cinco características, antes apontadas, de seu peculiar estilo de pensar: (a) a "entrega às coisas mesmas" emancipa da escravidão dos textos, da obrigação de dar "contribuições" ou de colocar as peças faltantes de um quebra-cabeça interminável, proposto por uma comunidade anônima, afastada da apelação que as coisas fazem para nós, em nossa proximidade reflexiva; (b) e (c) escrever fora das correntes europeias de pensamento e fora das disciplinas tradicionais, ou seja, convida a descobrir o que significa pensar desde nossa própria circunstância pensante, onde talvez nossa reflexão não se enquadre no analítico ou fenomenológico, nem obedeça às distinções entre cognitivo e ético. Isso sugere uma nova dimensão da emancipação; (d) a "erudição implícita" emancipa da incômoda, forçada e inautêntica necessidade de citar, de mencionar fontes, de amontoar referências, de justificar cada passo reflexivo pela remissão a um autor consagrado ou a um livro considerado crucial; em vez de hospedar-nos na casa dos autores, como acontece habitualmente, são os autores convocados os que se hospedam em nossa casa, reféns da nossa reflexão, e não o inverso; "dar as cartas" em vez de, invariavelmente, submetermo-nos às regras do jogo impostas pelos "clássicos" e seus problemas delimitados; a infidelidade a autores e a fuga de qualquer especialização sugere formas de emancipação que soam hoje como heresias; (e) por último, deixar que o próprio fio de pensamento se libere das amarras da "lógica" e corra na direção de outras formas de rigor é, também, profundamente liberador; não em prol de um associacionismo caótico, mas de um encadeamento não linear de ideias, capaz de irradiar e sugerir, e não apenas de indicar e de inferir.

Assim, a emancipação pelo estilo está indicada, nos textos de Flusser, pela obsessiva busca de autenticidade da expressão, pela sua particular maneira de empunhar os assuntos e de subordinar os autores à própria paixão reflexiva, sem concessões. Talvez seja este seu gesto mais liberador. A sua escrita mostra, em ação, como seria viver a própria vida do pensamento e não a vida dos outros, mostrando, por contraste, o discurso acadêmico como lócus mesmo do inautêntico.

Se o que o Sistema produz é considerado filosofia e ele a rejeita os escritos de Vilém Flusser por não reputá-los filosóficos, no sentido de diletantes e pouco argumentativos, e se Flusser não considera como filosofia autêntica isso que o Sistema produz, há aqui um confronto que não deveria ser disfarçado. Estamos diante de duas concepções do que seja fazer filosofia: para o Sistema, a filosofia está composta de um conjunto de problemas, fornecido exclusivamente pela tradição europeia de pensamento, que o pesquisador competente terá que conhecer e analisar. Para Ortega, Schopenhauer e Flusser (e para Octavio Paz, Rodolfo Kusch e Fernando González, entre muitos outros pensadores latino-americanos), a filosofia está em todo lugar, passa diante dos olhos, não tem local privilegiado nem tradição exclusiva, é o mundo mesmo e seus enigmas que se oferecem à reflexão e ao discurso do pensador, mais preocupado em deixar-se surpreender pelas coisas do que em "pesquisar textos". Trata-se de duas concepções incompatíveis do que seja filosofia, tal que uma considerará o que a outra faz como não sendo filosofia em absoluto.

Mas, se as maneiras de filosofar de Flusser e do Sistema são incompatíveis, a solução não pode consistir em simplesmente eliminar uma delas mediante o poder instituído da outra, como atualmente acontece. O Sistema não reconhece como filósofos aqueles pensadores que o próprio Sistema não formou, tais como Vilém Flusser. Talvez o "sistema de obras" do qual o Sistema sente falta já exista, mas não possa ser visualizado porque ele é procurado apenas com os olhos do que o próprio Sistema formou. Nesse sistema de obras, teríamos de incluir, certamente, toda a obra de Vilém Flusser ao lado de todos os outros pensadores brasileiros que o Sistema deixou de lado.

Na verdade, o vício está na própria noção de "sistema", que seria igualmente nefasta se os partidários de Ortega e Flusser tomassem o poder e instituíssem que a sua maneira de fazer filosofia é a única possível. Não deveria haver "sistema institucional" algum, de qualquer tendência, que definisse o que é e deve ser a filosofia. Tratar-se-ia de lutar por uma comunidade filosófica na qual o comentário, horizontal ou vertical, fosse uma opção, e não uma imposição, cujo ideal alexandrino de Vieira de Mello fosse algo que os jovens pudessem adotar se quiserem, mas ao qual não fossem compelido, além de um espaço em que os estudantes pudessem escrever como Vilém Flusser.

Nada disso implicaria abandonar tudo de bom e de qualidade que foi produzido pelo sistema atual, mas apenas alargá-lo. Não se perderia nada do que foi conquistado, mas se abririam novos espaços para atender vocações que talvez estejam sendo hoje abafadas. Não há nada de errado em que muitos queiram apenas pesquisar a história do pensamento europeu ou passar a vida toda estudando a filosofia de Duns Scotus. Errado é pretender que nossos estudantes e orientandos devam fatalmente fazer a mesma coisa que nós fazemos apenas porque nos tocou o acaso de sermos seus professores. Aqui não estamos dando aos estudantes a oportunidade para nos superarem, ou para eles fazerem filosofia de outras formas, mas apenas para reproduzirem o que lhes ensinamos.

Mas que fique claro para os mais jovens que, se o sistema atual continuar igual, eles serão, no máximo, *funcionários culturais*; jamais pensadores. Vilém Flusser é, hoje em dia, o único pensador brasileiro – mesmo que por adoção – cujas ideias são amplamente discutidas no mundo. Isso revela algo muito importante acerca do sistema brasileiro de filosofia, já que Flusser não apenas nunca foi um produto desse Sistema, mas, precisamente, seu ponto de ruptura.

NOTAS

[1] Vieira de Mello, 2009, p. 65-66.
[2] Idem, p. 96-97.
[3] Idem, 1986, p. 42.
[4] Idem, p. 45.
[5] Idem, p. 203.
[6] Domingues, 2017, p. 3, 39, 393, 416, 454, 532.
[7] Idem, p. 54, 387, 455.
[8] Idem, p. 379, 432, 457.
[9] Idem, p. 27, 35-36, 512.
[10] Idem, p. 28.
[11] Idem, p. 50, 534, 535.
[12] Idem, p. 431, 470, 512, 527.
[13] Idem, p. 409.
[14] Idem, p. 27, 385, 431, 512.
[15] Idem, p. 4, 7/8, 9, 53, 63, 65, 386.
[16] Idem, p. 393, 394, 431.
[17] Idem, p. 44, 306, 370. Cf. Canhada J., 2016, p. 99-100.
[18] Aqui eu poderia poupar-me trabalho e acompanhar as primorosas descrições de Gustavo Bernardo da temática do livro em seu artigo "Do Pensamento como Dúvida" (em Gustavo Bernardo et al., 2008, p. 107-23 ou no último capítulo do livro *A Dúvida de Flusser*. Mas eu, seguindo precisamente a atitude flusseriana, preferi fazer meu próprio percurso em vez de seguir o de outro, assumindo todos os riscos de me afastar de quem conhece o autor muito melhor que eu. O resumo a seguir não é exaustivo e talvez deixe de fora aspectos que os "especialistas em Flusser" considerariam, porventura, fundamentais. Meu resumo insiste naqueles pontos que me golpearam de maneira significativa; o resto, eu dispensei, por mais importante que possa parecer na literatura flusseriana. (Mais adiante neste artigo espero que essa atitude de leitura será justificada de maneira mais precisa.)
[19] No sentido desenvolvido em meu livro *Crítica de la Moral Afirmativa* (1996) e escritos posteriores.
[20] De longa tradição na Europa, desde, pelo menos, Sêneca no período clássico, até os pensadores negativos do século XIX (Schopenhauer, Stirner, Feuerbach, Nietzsche, Freud) e XX (Heidegger, Sartre, Adorno, Cioran), corrente dentro da qual eu mesmo prefiro me inserir.
[21] Domingues, op. cit., p. 409.
[22] A influência de Ortega sobre Flusser não é novidade. Cf. Gustavo Bernardo, 2002, p. 35-36, 44. O próprio Flusser escreveu: "O filosofar é, para Ortega, atividade que envolve carne e osso. Um tal filosofar provocaria no Brasil a descoberta da essência do próprio pensador e da situação na qual se encontra" (Flusser, 1998, p. 142).
[23] Ortega (2008), p. 25.

[24] Aquiles Cortes Guimarães, "A Presença do Pensamento de Ortega y Gasset no Brasil". In: Guimarães, 1998, p. 171-79.
[25] Domingues, op. cit., p. 401, 407.
[26] Arthur Schopenhauer, 2005, Livro I, capítulo 7, p. 78.
[27] Idem, 2015, Livro I, capítulo 7, p. 86 ss. O único reprovável nestas esplêndidas análises de Schopenhauer é que, certamente influenciado pelo espírito da sua época, ele atribui essa capacidade de intuir e captar o que vêm das coisas mesmas exclusivamente ao "gênio". Mais perto de Ortega, penso que esta capacidade está ao alcance de qualquer um que se atreva a pensar, mesmo sendo os resultados obtidos de variada qualidade.
[28] Schopenhauer parece estar falando da USP e do Sistema brasileiro quando escreve: "O filósofo livresco [...] informa do que alguém disse e do que outro opinou ou que outro objetou, etc. Compara, pondera, critica [...]. Assim, investigará, por exemplo, se em algum momento e por algum tempo Leibniz foi ou não um spinozista [...]" (Schopenhauer, "Pensar por Si Mesmo", 2009, p. 983), ou seja, o típico trabalho do "pesquisador". Num outro momento, ele falta de títulos de livros: "Quem não é suficientemente original para dar a seu livro um título novo será ainda menos capaz de provê-lo de um novo conteúdo" (Schopenhauer, "Sobre a Escrita e o Estilo", 2009, p. 62). Pareceria que ele tivesse lido "Um departamento francês de ultramar" (uma frase de Foucault. Ver Domingues, p. 382, 406) e "Grande hotel abismo" (uma frase irônica de Lukács sobre os filósofos de Frankfurt).
[29] Em Cabrera (2009), tenho estudado diversas funções da linguagem em textos filosóficos, uma das quais é, precisamente, a de suscitar significações sem diretamente apontá-las de maneira referencial.
[30] Andreas Ströhl, "Flusser como pensador europeu". In: Gustavo Bernardo, 2000, p. 50.
[31] Maria Lília Leão, "Pessoa-pensamento no Brasil". In: Gustavo Bernardo, 2000, p. 23.
[32] Batlickova Eva, 2010, p. 134-35.
[33] Gustavo Bernardo, op. cit., 2002, p. 53.
[34] Por outro lado, essa questão política está bastante mal contada; Flusser veio no Brasil fugindo do nazismo, e as relações do Instituto Brasileiro de Filosofia e do Sistema em formação com a ditadura militar devem ser mais bem esclarecidas. Trato disto em Cabrera (2016), p. 67-68.
[35] Domingues, op. cit., p. 13. Esta e todas as declarações que seguem não são especificamente *de Domingues*, mas plenamente representativas da visão que a imensa maioria da comunidade filosófica brasileira tem sobre a questão, tal como manifesto em escritos, palestras e reuniões. Nesse sentido, este livro é claramente um porta-voz que não está colocando esta visão em discussão, mas fazendo um resumo, longamente consensual, da situação da filosofia no Brasil.
[36] Idem, p. 22, 396, 397.
[37] Idem, p. 57. Ver também, p. 54, 383.
[38] Idem, p. 332, 385, 511.
[39] Idem, p. 36.
[40] Idem, p. 64.
[41] Idem, p. 383, 387.

[42] Id, p. 28, 396, 405.

[43] Cabe lembrar aqui que os grandes cientistas sociais brasileiros, sociólogos, antropólogos e historiadores, tais como Sérgio Buarque de Holanda, Florestan Fernandes, Paulo Freire, Darcy Ribeiro, Theotônio dos Santos, Roberto DaMatta, Milton Santos e muitos outros, são plenamente conscientes dessa diferença; só os filósofos profissionais brasileiros parecem incapazes de vê-la e entender seu alcance para o pensamento.

[44] Mignolo, 2005, p. 16.

[45] Idem, p. 17.

[46] Idem, p. 18.

[47] Idem, p. 24.

[48] Botero Uribe, 2004, p. 32-42.

[49] E de forma claramente unilateral, pois qual foi a influência da cultura brasileira sobre a cultura francesa naquele período? Também o "brilho intelectual" que os *scholars* e virtuoses brasileiros aspiram a ganhar por meio do estudo competente do pensamento europeu é perfeitamente assimétrico, porque os próprios europeus parecem dar muita pouca atenção, pelo que me consta, aos esforçados "aportes" dos seus comentadores brasileiros para melhorar a compreensão das ideias filosóficas europeias, enquanto eles afogam no esquecimento seu próprio passado pensante e toda a tradição filosofia latino-americana. Cf. Eduardo Rabossi, 2008, p. 104.

[50] Flusser, 2011, p. 116.

[51] Idem, 1998, p. 34.

[52] Idem, p. 35.

[53] Gustavo Bernardo, op. cit., 2002, p. 47, 50.

[54] Idem, p. 55; ver também p. 79.

[55] Idem, p. 80.

[56] Idem, p. 84.

[57] Idem, p. 139.

[58] Idem, p. 142. O leitor interessado neste tema encontrará mais elementos sobre histórico e não histórico no livro *Pós-história*, p. 26, 87, 125, 183, 185-86, 190, entre outros lugares.

INDICAÇÕES BIBLIOGRÁFICAS

BATLICKOVA, Eva. *A Época Brasileira de Vilém Flusser*. São Paulo: Annablume, 2010.

BERNARDO, Gustavo; FINGER, Anke; GULDIN, Rainer. *Vilém Flusser. Uma Introdução*. São Paulo: Annablume, 2008.

BERNARDO, Gustavo e MENDES, Ricardo. *Vilém Flusser no Brasil*. Rio de Janeiro: Relume Dumará, 2000.

BERNARDO, Gustavo. *A Dúvida de Flusser. Filosofia e Literatura*. São Paulo: Editora Globo, 2002.

BOTERO URIBE, Darío. *Manifiesto del Pensamento Latino-Americano*. 4. ed. Bogotá: Cooperativa editorial magistério, 2004.

CABRERA, Julio. *Margens das Filosofias da Linguagem*. Brasília: Editora da UnB. 2ª reimpressão, 2009.

_____. *Diário de um Filósofo no Brasil*. 2. ed. Ijuí: Editora Unijuí, 2013.

_____. *Crítica de la Moral Afirmativa*. 2. ed. Barcelona: Gedisa, 2014. (Edição original: 1996.)

_____. "Comment Peut-on Être um Philosophe Français au Brésil?". *Cahiers critiques de philosophie*. n. 16. Paris: Hermann, Paris VIII, 2016, p. 59-85.

CANHADA, Julio. "La Lecture Structurale des Textes et l'Histoire de la Philosophie au Brésil". *Cahiers critiques de philosophie*. n. 16. Paris: Hermann, Paris VIII, 2106, p. 87-105.

CORTES GUIMARÃES, Aquiles. *Pequenos Estudos de Filosofia Brasileira*. Rio de Janeiro: Nau editora, 1997.

DOMINGUES, Ivan. *Filosofia no Brasil. Legados e Perspectivas. Ensaios Metafilosóficos*. São Paulo: editora Unesp, 2017.

FLUSSER, Vilém. *Língua e realidade*. São Paulo: Annablume, 2004.

_____. *Da Dúvida*. São Paulo: Annablume, 2011.

FLUSSER, Vilém. *Fenomenologia do Brasileiro: em Busca de um novo Homem*. Rio de Janeiro: Eduerj, 1998.

_____. *Pós-história. Vinte Instantâneos e um Modo de Usar*. São Paulo: Annablume, 2011.

GONZÁLEZ, Fernando. *Viaje a Pié*. Medellin: Universidad Eafit, 2014.

KUSCH, Rodolfo. *América profunda*. Buenos Aires: Biblos, 1999.

MIGNOLO, Walter. *La Idea de América Latina. La Herida Colonial y la Opción Decolonial*. Barcelona: Gedisa, 2007.

ORTEGA y GASSET. "Meditaciones del Quijote". 9. ed. *Revista de Occidente*, Alianza Editorial, 2008.

PAZ, Octavio. *El Labirinto de la Soledad*. México: Fondo de Cultura Económica, 2000.

RABOSSI, Eduardo. *En el Comienzo Dios Creó el Canon. Biblia Berolinensis. Ensayos sobre la Condición de la Filosofía*. Buenos Aires: Gedisa, 2009.

SAUSSURE, Ferdinand de. *Curso de Linguística Geral*. São Paulo: Cultrix, 2000.

SCHOPENHAUER, Arthur. *O Mundo como Vontade e Representação I*. São Paulo: Unesp, 2005.

_____. *O Mundo como Vontade e Representação II*. São Paulo: Unesp, 2015.

_____. *Parerga y Paralipomena*. Madrid: Editorial Valdemar, 2009.

VIEIRA de MELLO, Mário. *Desenvolvimento e Cultura*. Brasilia: Fundação Alexandre de Gusmão, 2009.

_____. *O Conceito de uma Educação da Cultura*. Rio de Janeiro: Paz e Terra, 1986.

ENSAIO SOBRE O ÓDIO – APOLOGIA À DÚVIDA

SORAYA GUIMARÃES HOEPFNER

As considerações a seguir constituem uma apologia à dúvida, inspirada na leitura do livro *Da Dúvida*, de Vilém Flusser, apresentada na forma de criação de um ensaio que lhe sirva de referência indireta; um questionamento sobre o ódio.

* * *

Se pudéssemos reunir em um único exemplar tudo o que os filósofos já escreveram sobre amor e amizade, teríamos um enorme volume com milhares de páginas sobre o assunto. A questão do amor sempre se fez presente, desde Hesíodo narrando o surgimento do amor na criação do universo até os últimos representantes do modo de pensar ocidental, que chamamos filosofia. Não só presente, mas crucial, pois o amor é como tal um fenômeno da existência e não pode ser desconsiderado por aqueles que se perguntam pelo sentido do humano ou pelo sentido de ser. No entanto, se procurarmos saber o que os filósofos já disseram sobre o ódio, sua natureza, seu sentido originário, mais precisamente sobre o ódio como este se apresenta em nossa contemporaneidade, e, se nos colocássemos a mesma tarefa de condensar esses pensamentos em um único volume, teríamos talvez não mais do que uma dezena de páginas, nem mesmo o bastante para fazer disso um livro. O ódio, enquanto quase exclusivamente tematizado em oposição ao amor, parece carecer de profundidade; pertence ao reino dos epifenômenos da emoção humana ou aos "psicologismos" e, portanto, parece não ser digno de nenhum questionamento filosófico.

Contudo, neste ensaio, insistirei em enquadrar a questão do ódio na configuração de mundo atual como um fenômeno filosoficamente importante, mas não meramente do ponto de vista de sua clássica oposição ao amor, e sim em oposição à dúvida — aquela cuja essência nutre o pensamento e, portanto, representa o elemento essencial na possibilidade do filosofar. Ao compreender o ódio sob outro olhar, distanciando de seu caráter emocional, manifesto especialmente na modernidade, este artigo ensaia um questionamento introdutório sobre o ódio em nosso tempo.

1. DOS PENSAMENTOS ORIGINÁRIOS POR MEIO DE PALAVRAS ORIGINÁRIAS: O CONCEITO ARISTOTÉLICO DE ÓDIO

Também pertence à bondade fazer o bem aos que merecem, e amar o bem, e odiar os ímpios [...]
(Aristóteles, Virtudes e Vícios, 8)

Recorrer a sentidos originários pertence, de maneira essencial, ao exercício do filosofar. Geralmente, começa-se por rastrear uma palavra de volta ao tempo dos primeiros pensadores, os gregos. Apesar do conhecido criticismo ao uso excessivo do recurso filológico, esse mergulho na linguística busca não simplesmente encontrar a origem de determinada palavra, nem muito menos quem foi o primeiro a pronunciá-la, mas busca trazer de novo à luz um determinado mundo. Tem por objetivo revelar o mundo por meio de uma palavra, ao evocar, não o seu sentido antigo, mas precisamente ao focar na perda sobre aquele antigo sentido. Com esse gesto, o pensador ilumina o mundo que se ganha com e a partir dessa perda.

No contento da presente pergunta, um olhar sobre os sentidos antigos lev-nos a a uma descrição breve, mas singular de Aristóteles na *Retórica*, que revela a experiência originária do ódio, fundada na concretude da vida cotidiana na Antiguidade:

Quanto à inimizade [ekthra] e ao ódio [to misein] há que estudá-los a partir dos seus contrários. A ira [orgé], o vexame e a calúnia são as causas da inimizade. Ora, a ira resulta de coisas que afetam diretamente uma pessoa, mas a hostilidade também pode resultar de coisas que nada têm de pessoal: basta supormos que uma pessoa tem tal ou tal caráter para a odiarmos. Por outro lado, a ira refere-se sempre a um indivíduo particular, por exemplo, a Cálias ou a Sócrates, mas o ódio também abrange toda uma classe de pessoas: toda a gente odeia o ladrão e o sicofanta. O tempo pode curar a ira, mas o ódio é incurável. A primeira procura causar dor, o segundo procura fazer mal, já que o homem irado deseja sentir o mal que causa, mas o que odeia nada lhe importa isso. As coisas que causam pena [dor] são todas sensíveis, mas as que causam maiores males são as menos sensíveis, como a injustiça e a loucura; com efeito, a presença do mal não nos causa pena. A ira também é acompanhada de pena, mas não o ódio; o homem irado sente pena, mas não o que odeia. Um pode sentir compaixão em muitas circunstâncias, o outro nunca; o primeiro deseja que aquele contra quem está irado sofra por sua vez; o segundo, que deixe de existir aquele a quem odeia.[1]

Esta passagem, ao início da tradição filosófica ocidental, permanecerá por muitos séculos a mais alusiva jamais escrita sobre o ódio. No contexto, as considerações de Aristóteles sobre a ira e o ódio têm a ver, em primeiro lugar, com o seu interesse em demostrar como o conhecimento das emoções humanas podia ser útil na arte da retórica, de modo a ser possível se desmontar ou fabricar a natureza da relação do oponente para com os outros, por meio da compreensão dos seus impulsos emocionais. Da raiz grega da palavra *misein* origina-se, por exemplo, o prefixo que usamos para indicar rejeição, exclusão, tal como nas palavras "misoginia" e "misandri". O segundo sentido, de inimizade, conecta-se com a ideia básica de hostilidade para com o outro – o oponente, o inimigo – que está no cerne da palavra em inglês *hate*, assim como do alemão *hassen*, no sentido de uma "perseguição hostil".[2]

David Konstan,[3] em seu livro sobre o papel das emoções humanas na Grécia Antiga, destaca os principais aspectos do ódio [*misein*] em oposição ao amor, assim como inimizade [*ekthra*] em oposição à amizade, em Aristóteles. Konstan chama atenção para a maneira consistente na qual o filósofo usa ambas as palavras para expressar ódio, observando particularmente sua diferenciação com relação à ira [*orgé*]: "Na prática, o verbo *misein*, diferentemente de ira, expressa geralmente repugnância por uma categoria ou classe de pessoas, em vez de por um indivíduo em particular" (p. 186). No trecho supracitado, tornam-se evidentes duas manifestações do ódio: uma gerada pela ira, que indica uma forte relação de envolvimento pessoal ou indica que tal emoção é condicionada por certa "materialidade" de um fato que aciona o sentimento de antagonismo. Por outro lado, há um ódio "hostilizante", que não surge necessariamente de uma disputa direta nem pode ser justificado por uma questão ou ato privado, e dirige-se a entidades abstratas, um tipo pressuposto que pode ser odiado em comum. É nesse sentido que Konstan observa que o "[...] ódio, em oposição à ira, não é acompanhado de dor". Em outras palavras, aquele que odeia sem ira busca a erradicação do seu objeto de ódio sem ser afetado por tal emoção. A pessoa irada contra outra sofre dessa ira e busca compartilhar tal sentimento ao desejar que seu oponente faça a mesma experiência dolorosa. O ódio vivenciado na ira, raivoso, é acionado por uma experiência direta de dor, supostamente causada por um oponente. O "ódio raivoso" é, portanto, intensamente carregado de uma personalização e da busca por uma aproximação, numa espécie de engajamento com o outro, podendo eventualmente se extinguir, caso o outro tenha sido finalmente afetado pela dor que aquele que odeia acredita ser merecida. Assim, o ódio raivoso implica a necessidade de uma relação pessoal, na qual ambas as partes estão engajadas.

Mas o que acontece no caso do ódio a tipos, no qual quem odeia não é necessariamente afetado? Quem nutre o "ódio hostil" permanece sem ser afetado, e seu estado de ser não exige necessariamente que seja motivado por ações dolorosas, assim como pode nunca se extinguir, de acordo com Aristóteles. No entanto também não ocorre fora da lógica ética. Odiar sicofantas ou o inimigo de guerra legitima-se pelos valores morais implicados no surgimento de um conflito compartilhado, sobretudo no conhecimento do bem e das virtudes que estão, por sua vez, embasados em princípios ontológicos.

Portanto uma querela mútua ou uma disputa pessoal que aciona ambas as formas de ódio expõe dois aspectos primários do conceito aristotélico de ódio: odiar é algo "justo", poderia também se dizer, "natural", desta feita, constitui um modo de ser necessário. Além disso, pressupõe sempre um ser em comum, seja na forma de atribuir uma identidade coletiva ao objeto de ódio ou na forma de relação direta – comunhão – entre indivíduos. Sob o signo da justiça, o ódio pressupõe um lugar comum; é necessário e justo. Desse modo, é possível manifestar um "ódio irado" por alguém, mas parece inconcebível manifestar um "ódio hostil" em nível pessoal, pois ele não pode prescindir do coletivo. O ódio hostil pressupõe comunidade; pertence ao reino do político. Ódio, seja destinado a tipos ou surgido da ira, é, em todos os casos, justo, ao ponto de ser possível para uma pessoa virtuosa buscar cultivá-lo, embora com equilíbrio, em vez de pressupor que sua erradicação seja alcançável, como finalmente aconselha Demóstenes:

Afirmo que é próprio de homens insanos confiar tanto em um homem, ao tê-lo como amigo, a ponto de se privarem de todas as defesas contra possíveis agressões ou, por outro lado, quando consideram alguém como inimigo, odiá-lo tão intensamente, que caso deseje por fim à hostilidade e tornar-se amigo, tenha perdido a capacidade de fazê-lo. Temos, creio eu, que amar e odiar até o ponto em que não excedamos a devida medida de um e de outro.[4]

Ambos os aspectos comunal e de justiça do ódio levam conclusivamente a um terceiro: um ódio fortuito não somente não é desejável, nem mesmo pode sê-lo, porque não é nem mesmo possível em tal configuração de mundo como a dos gregos; uma impossibilidade que permanecerá por séculos.

2. O ÓDIO TEOLÓGICO

Odeio-os com um ódio perfeito: tenho-os por inimigos.
(Davi, Salmos 139,22)

Outro caminho em direção a uma compreensão mais ampla do ódio em nossa contemporaneidade poderia vir da reflexão sobre sua raiz latina, *Odium*, especialmente no que diz respeito à tradição teológica cristã. Como desenvolvimento do pensamento primordial de Aristóteles, Agostinho[5] percebe uma nuance que, no seu caso, leva a outra diferenciação entre ira [*ira*] e ódio [*odium*], na qual o último é uma intensificação, manifestação crônica, por assim dizer, da primeira.[6] Logo na abertura do Capítulo VI da *Regra*, ele afirma: "Não tenhais discussões, ou terminai-as imediatamente, para que a ira não se converta em ódio e um argueiro se transforme numa viga, tornando a alma homicida". Na verdade, assim está escrito: "Quem odeia seu irmão é um homicida" (João 3, 15)".[7] Nessa perspectiva, o ódio é considerado uma escalação do sentimento da ira, devendo-se evitá-lo ou repará-lo por meio do exercício do perdão e das orações. A questão do ódio implica o engajamento e a responsabilidade pessoais para com os outros, a quem se deve amar espiritualmente, assim como se ama a Deus acima de tudo.

Em outra passagem, essa diferenciação entre ódio e ira é explícita:

O que é a ira? Desejo de vingança. O que é o ódio? Ira inveterada. A ira inveterada é aquela que se tornou envelhecida; chama-se ódio. Isso todos parecem reconhecer, quando foi dito: Já os meus olhos estão turvos pela ira e, em seguida, envelhecidos em meio a todos os meus inimigos. O que em princípio era somente ira, se converteu em ódio, porque envelheceu. A ira é a palha, o ódio é o feixe.[8]

PÁG. 183

A mesma citação de São João surge em seguida nessa passagem. Em seu estudo sobre a ira, a freira Beneditina Gertrude Gilette ilustrou, por exemplo, vários trechos nos quais a distinção entre ira e ódio – o segundo como uma gradação da primeira – torna-se explícita: "O termo *inveterata* evoca para Agostinho não somente algo envelhecido, mas endurecido".[9] Também é relevante observar como, no contexto da teologia agostiniana, o ódio é abominado e, portanto, não tem lugar na vida desejável em comunidade. Dentro do pensamento cristão, não seria aceitável odiar o outro, visto que tal sentimento distancia o homem de seu papel de ser à imagem de Deus.

Séculos mais tarde em sua *Suma Teológica*, Santo Tomás de Aquino dedicou-se a questão do ódio, ao menos de maneira indireta, ao perguntar pela possibilidade de se odiar Deus. Para ele, "o ódio é um tipo de aversão [...] o ódio é um impulso do poder apetitivo, que se move pela apreensão de algo".[10] O ponto central em Aquino é a ideia da impossibilidade de se odiar Deus, assim como de se odiar "Seus efeitos", como "ser, viver e compreender". Odiar Deus é possível somente à medida que se está cego para a Sua essência e, portanto, se é levado à má interpretação de Seus efeitos. Tal condição resulta numa "aversão involuntária a Deus".

Há um princípio fundamental cristão na ideia do ódio, de tal maneira que se pode odiar as punições recebidas de Deus e, não obstante, permanecer no âmbito do Seu amor. No nível pessoal, Aquino aplica o mesmo princípio, ao reconhecer o caráter moral do sentimento do ódio, no qual "é lícito odiar o irmão em pecado e tudo aquilo que pertença à carência da justiça divina, mas não podemos odiar a natureza e a graça do irmão sem incorrer em pecado" (Parte II Q. 34. Artigo 3). Odiar ao próximo permanece, nessa perspectiva, algo indesejável e antinatural. "Devemos odiá-los, odiando neles aquilo que faz deles nossos inimigos" (Parte II. Q. 34. Artigo 3).

No entanto, para Aquino, o ódio não é o maior dos pecados. Com relação à lógica de crescendo de Agostinho, na qual a ira é um estado original que leva ao ódio, esse último, embora mais intenso, permanece derivativo da primeira, que é considerada um pecado capital. O ódio pode surgir também de outro pecado capital, a inveja [*invidia*], ao modo de um "poder apetitivo", conforme mencionado. Em síntese, a natureza do ódio é para Aquino como se segue:

De fato, primeiramente, a ira nos induz a desejar o mal ao próximo, até certa instância, qual seja, que implica o motivo de vingança. Mas em seguida, através da ira persistente, o homem chega ao extremo de desejar absolutamente o mal ao próximo, o que por definição é o ódio. Como resultado, é evidente que o ódio nasce como objeto da inveja, mas da ira, como disposição. (Parte II. Q. 34. Artigo 6)

Em Aquino, o ódio tem um caráter ambíguo de ser, ao mesmo tempo, mais intenso e, não obstante, um pecado mais fraco. Em suma, odiar a natureza do outro é um pecado e, portanto, o ódio a "tipos" observado na Grécia Antiga por Aristóteles não encontra legitimidade.

Na tradição protestante, o poeta e padre John Donne (1572-1631) também abordou o tema do ódio em um de seus sermões com a advertência: "não odeie o vício de um homem a ponto de odiar o homem ele mesmo".[11] Donne faz alusão ao tipo de ódio de natureza religiosa:

Pois aquele ódio que Davi chama de Odium perfectum, *"Odeio-os com um ódio perfeito"* [Salmos 139,21], *não somente é ódio veemente, mas (como chama St. Hilary) é* Odium religiosum, *um ódio consistente com a religião: que eu odeie não o próximo pela sua religião a ponto de perder toda a religião em mim mesmo por odiá-lo assim* (p. 169).

De maneira análoga, Donne atribui a Agostinho a ideia de *Odium charitativum*, no qual se deve mostrar piedade e compreensão para com aqueles que odeiam sua religião, e não odiá-los a ponto de perder a sua própria integridade caritativa. Nesse sentido, ele estabelece juntamente à ideia de um comportamento desejável com relação ao ódio um princípio de pertença compartilhado por toda a humanidade, que reúne todos os homens, independente de sua religião. Ao citar Eclesiastes 3,8 "Tempo de amar e tempo de odiar", Donne determina a base para a conduta moral para com o próximo em sociedade, que recusa um lugar para o ódio ou que o considera sempre como um estado a ser superado,

> então o amor é o mais oportuno, quando outros contratos civis, alianças civis, disputas civis, tenham dobrado e suavizado as disposições das pessoas ou nações, [...] para uma possibilidade melhor, para uma probabilidade mais justa, para uma afinidade de ouvir uns aos outros" (p. 170).

Também para Donne, o ódio é um sentimento ímpio que deve ser suprimido na observância da aplicação das leis do homem para a solução de questões de disputa e à luz da pertença em comum de toda a humanidade perante Deus.

3. E DESDE QUANDO COMEÇAMOS A ODIAR UNS AOS OUTROS? *INSIGHTS* PÓS-MODERNOS

> O ódio pressupõe significações fechadas. O ódio é feito de sangue coagulado.
> (J-L. Nancy, *La Haine*)

Na breve observação do ódio na antiguidade, tempos medievais e pré-industriais, abre-se uma perspectiva na qual o ódio se expõe em relação ao seu tempo, a cada vez que ele surge no pensamento. Inegavelmente, ocorre na era pós-industrial uma mudança que demove o ódio como um estado de emoção necessário e o desloca de seu lugar no âmbito da justiça e em oposição ao amor e à fraternidade. Essa mudança no âmbito da modernidade se dá muito antes do surgimento dos denominados "crimes de ódio".[12] Para além do paradigma de justiça no qual conflitos pessoais e gerais são possíveis, há algo de novo no ódio moderno que ultrapassa a esfera de sua relação diametral com o amor. No contexto do que Aristóteles fundamentou como o ódio a tipos, o modo de ser no qual é possível se odiar de maneira desengajada parece ter ultrapassado seu caráter situacional anterior. O sujeito moderno desenvolveu a capacidade de nutrir um ódio desengajado para com o outro, que, paradoxalmente cria a partir desse desengajamento uma outra comunidade. Quer seja esse ódio incorporado de paixão ou não, quem odeia desse modo traz o odiado para sua própria esfera, criando assim uma comunidade baseada nesse antagonismo, o qual é sustentado e cultivado ao ponto de constituir a sua própria identidade.

O ódio separa-se do ideal de justiça e, portanto, do próprio *logos*. Nos tempos modernos, odiar é irracional; é um abdicar do pensar de maneira tão radical que odiar significa: anti pensamento por excelência. Essa condição está para além do estado emotivo e para além de sua diametralidade com o amor. Embora a emoção fundamental da ira enquanto "estado mental" ainda possa ter lugar, o ódio moderno representa primordialmente, não a exterminação do outro, mas sim a exterminação do pensamento ele mesmo.

Nas últimas décadas, há uma miríade de eventos mundiais que ilustram o ódio moderno, mas, com relação ao discurso filosófico dominante, nenhum evento se doou tanto ao pensamento da questão como o caso da perseguição perpetrada pelo regime nazista que levou à exterminação sistemática de 6 milhões de judeus e outras 5 milhões de pessoas de uma multitude de raças, crenças, orientação sexual, condições física e mental – todas consideradas de existência dispensável pelos nazistas. No que concerne ao ódio em conflitos de guerra,[13] esse evento, cujo caráter antissemítico fundamental recebeu o foco central, não tem parâmetro comparável. Eu ousaria dizer que praticamente todo filósofo europeu ou americano já se dedicou a refletir o tema, a ponto de este se ter tornado parte da tradição dos tópicos em filosofia. Trata-se de um evento de ódio sem finalidade, ou melhor, é um evento de um ódio que tem a si mesmo como fim.

É nesse contexto que Sartre torna-se um dos poucos a tematizar o ódio, que aliás já havia sido um tópico recorrente para o filósofo em seu *O Ser e O Nada*. Nessa obra, o ódio é definido como um "estado", um modo atual de ser, em oposição a modos potenciais, nomeados de "qualidades". Um estado "é muito mais acidental e contingente: é algo que me acontece".[14] Sartre permanece visivelmente no âmbito do personalismo e psicologismo em sua análise do ódio como emoção humana e em sua relação com a ira: "Todo ódio é ódio de alguém; toda raiva é apreensão de alguém como odioso, injusto ou culpado" (p. 416). Essencialmente, como atitude para com os outros, o ódio – com a indiferença, o desejo e o sadismo – funda-se na ideia de "realizar um mundo onde não exista o outro" (410). Sartre explica:

> *Aquilo que odeio no outro não é tal ou qual fisionomia, este ou aquele defeito, tal ou qual ação em particular. E a sua existência em geral, enquanto transcendência-transcendida. Isto porque a ira encerra um reconhecimento da liberdade do outro. Só que este reconhecimento é abstrato e negativo: a ira só conhece o outro-objeto, e concentra-se neste objeto. É este objeto que pretende destruir de modo a suprimir conjuntamente a transcendência que o impregna.* (411)

A questão do ódio é então novamente abordada, e precisamente em conexão com o fenômeno do antissemitismo, em seu livro *Reflexions sur la question juive*.[15] Nele, Sartre se dedica a oferecer uma perspectiva muito mais sócio-histórica do que ontológica, compondo um cenário geral que explicaria, de certo modo, o ódio particular do nazista. O ensaio não chega de fato a tocar questão fundamental da natureza do ódio per si, mas oferece uma boa análise existencial-psicológica de sua manifestação. Sartre observa que, diferente da disposição típica da ira ou ódio, a "paixão antissemita carece de provocação" (20). Provocação, nesses termos, é o que constitui a causa "material" ou concreta que aciona o sentimento de ódio, presente nas suas manifestações até a era pré-industrial.

Paradoxalmente, o caráter "frio" do estado de ódio do antissemitismo é para Sartre visto como eminentemente emotivo: aqueles que odeiam "escolheram viver no plano da paixão". (20) Trata-se de uma vinculação passional ao "monoideismo". Nessa perspectiva, o ódio reduz-se meramente a uma "ira cega". Não obstante, a contribuição de Sartre guarda um aspecto interessante, no fato de que a suposta escolha seria, em verdade, também uma escolha pelo distanciamento da razão:

Mas, como podemos fazer a opção pelo raciocínio errôneo? É que temos nostalgia pela impenetrabilidade. O homem sensato está em busca, sôfrego. Ele sabe que seus raciocínios são apenas probabilidades, que outras considerações virão lhes revogar na dúvida; ele nunca sabe claramente para onde está indo; ele está "aberto", pode aparecer hesitante. Mas há pessoas que são atraídas pela permanência da pedra. Elas querem ser maciças e impenetráveis, não querem mudar: mas, onde a mudança as poderia levar? (20)

Mais adiante, ele resume: "O antissemita escolheu o ódio porque o ódio é uma fé; ele escolheu originalmente desvalorizar as palavras e as razões... Ele se colocou em uma outra base, já de partida" (p. 22). O plano da paixão, que agora aparece como fé, anula toda a possibilidade de raciocínio e, portanto, invalida obviamente qualquer tentativa de um diálogo razoável. Curiosamente, é muito raro, sobretudo no contexto do discurso europeu, se ver uma associação do estado de espírito do nazista odiador ao estado de extrema fé; é preferível e muito mais comum interpretá-lo como estado de extrema raciocionalidade. A fé de que fala Sartre, no entanto, não é fé religiosa, e o abandono do fundamento ao qual se entrega o odiador supracivilizado também pode mostrar-se como fundamentalismo.

Qual seja a linha de reflexão, fica evidente que o ódio manifestado na modernidade pressupõe em verdade uma ideologia, no sentido em que esta mais se opõe à filosofia. O fato de continuaremos a ver o problema do ódio manifestado nas sociedades subcivilizadas como uma questão fé extrema e nas sociedades supracivilizadas como uma questão de racionalidade extrema pertence a uma análise mais profunda do conjunto de forças políticas (e também propagandística dos Estados); inclui até mesmo a questão do eurocentrismo no discurso predominante, o que não tenho meios para discutir no presente ensaio. Fez-se necessário apenas e brevemente expor, no contexto do ódio antissemita na II Guerra Mundial, uma condição particular do ódio na qual o "ódio-hostil" como outrora concebido por Aristóteles, é transformado.

Na modernidade, a própria constituição do inimigo está em jogo. Esse ponto, que toca a questão da legitimação do ódio, foi observado por Peter Trawny em sua análise dos elementos de antissemitismo na filosofia de Heidegger durante o mesmo período de guerra:

O "inimigo" não precisa de modo algum ser "exterior", ou seja, ele não precisa se mostrar na forma de uma nação inimiga.

Poderia muito mais "parecer como se não houvesse nenhum inimigo". Então, seria um "requisito fundamental encontrar o inimigo, trazê-lo à luz ou então criá-lo". Se, entretanto, o "inimigo" realmente existia ou não, pouco importa.[16]

Como fica evidente, há um momento na história em que a razão abandona a quem odeia, que agora se torna um sujeito político com o que mais parece ser uma agenda de interesses vazia: o objetivo principal de seu ódio – não a exterminação do outro, mas que o outro não exista – mostra-se, em verdade, uma quimera; é inalcançável, em última instância, inconsciente ou deliberadamente, nem mesmo realmente desejável como resultado.

Sartre acreditava ser o ódio a criação da identidade do outro. Mas o que se mostra no objetivo último do odiar o outro na modernidade é a sua transformação, ao contrário, em mecanismo de sustentação e até mesmo de estabelecimento da própria identidade de quem odeia. Esse ódio revela uma tentativa de autoafirmação desesperada e de grito por legitimidade de uma determinada existência sociopolítica. Quem sou eu? Eu sou aquele que odeia o outro e, através desse ódio, existo. Não tenho dúvidas, recuso o pensamento e não somente me retiro do fundamento da razão, eu odeio a razão e, assim, odeio a justiça e o bem. Toda pessoa "sensata" já deve ter-se consternado num suspiro que diz: "com essa gente, é impossível dialogar". Na modernidade, quem odeia sem fundamento odeia o pensar antes de tudo.

Como na metáfora de Jean-Luc Nancy, o ódio é "sangue coagulado", nenhuma circulação, bloqueio do pensamento que previne um alcançar o outro. Na visão particular de Nancy, está em questão discutir a natureza do ódio racial, em que ele também observa uma mudança na modernidade: "Naturalmente, a rivalidade entre povos e a aversão mútua também são tão antigas quanto a humanidade: no entanto elas não querem dizer 'racismo' e o ódio que o acompanha desde a expansão da Europa".[17] Nancy toca a questão da identidade subjacente à manifestação do ódio nos tempos modernos, reconstruindo o contexto histórico no qual surge o *individuum* europeu, na base de um "amor próprio", como "princípio de autonomia". "Assim, o homem começa a aparecer como odiável ao mesmo tempo em que começa a se emancipar como indivíduo". Estaria o nascimento do ódio moderno relacionado ao próprio nascimento do homem moderno, no que Nancy chama de "egologia"? Em todo caso, não obstante a ênfase dada por ele à oposição clássica ao amor, em Nancy se torna evidente outro aspecto, o isolamento extremo no qual o sujeito moderno se entrincheira, talvez em resposta a um choque cada vez maior entre o Estado e a individualidade privada, no tocante à identidade civil,[18] elemento de tensão que se mostra em todas as formas do ódio moderno.

Quem odeia recusa a dúvida, não num estado de fé ou racionalidade extrema, mas de extrema rejeição do pensamento. O ódio moderno, fortuito, é carregado de uma forte necessidade de autoafirmação que só encontra lugar na recusa da identidade do outro. A afirmação de uma identidade equivale à negação da outra, como se múltiplas identidades não devessem coexistir. Nessa luta pela eliminação da coexistência se funda, finalmente, toda uma nova comunidade. Fica evidente que a rejeição extrema que leva à tentativa de eliminação da identidade do outro só pode ter como consequências catastrófica a anulação de sua própria identidade.

4. QUEM ODEIA VAI ODIAR – A DÚVIDA

A recusa do pensamento só pode florescer onde falta a dúvida. A total consciência e até mesmo escolha deliberada (se é que se pode falar de escolha) por essa recusa, de maneira sem precedentes se comparada ao ódio-hostil nas eras pré-industriais, evidencia não somente o projeto fantasioso do ideal de eliminação do outro, mas denuncia a capitulação do próprio pensamento, antes de tudo. O levante do ódio moderno, injustificável e injusto, impensável e não pensante, pressupõe a total abdicação do comum, que ironicamente funda uma nova comunidade – mesmo no acordo unilateral de quem odeia – em que este incorpora à sua existência o objeto de seu ódio para criar um novo lugar comum de ser em sociedade.

PÁG. 195

Odiar, na modernidade tornou-se uma atitude identitária fundamental que tem o pensamento por inimigo número um. É o lugar da recusa da dúvida, da própria dúvida que guarda em si toda a possibilidade de pensar, como alude Vilém Flusser. Formular a questão de como passamos a odiar uns aos outros na modernidade é, portanto, colocar a questão de quando paramos de duvidar. Segundo Flusser, deve-se buscar reconquistar a fé na dúvida, o que ele nos antecipa em termos de uma crise de "anti-intelectualismo" e suas consequências. Basta olhar para o incrível fenômeno do conflito social de classes no Brasil, onde o sentimento de rejeição a pensadores e intelectuais chega a ser maior do que pelos legisladores, e encontra-se massivamente presente no discurso da opinião pública.

Para se abrir uma nova discussão sobre a questão do ódio, seria preciso redescobri-la pela perspectiva da consequência extrema do niilismo, que Flusser chama de a "dúvida da dúvida". Então, não se trataria mais de uma questão de falta de amor ou de excesso de fé, tampouco de demasiada racionalidade; talvez, sim, ainda se trate da questão do amor, aquele amor à sabedoria que chamamos de filosofia.

NOTAS

¹ Aristóteles. *Retórica II: 1382a. Clássicos de Filosofia*, Lisboa, 1998. p. 117-18.
² *Deutches Wörterbuch*. Jacob und Wilhelm Grimm. Edição Online. Disponível em: http://woerterbuchnetz.de/DWB.
³ David Konstan, *The Emotions of the Ancient Greeks: Studies in Aristotle and Greek Literature*. Toronto, University of Toronto Press, 2006. Tradução nossa.
⁴ Demóstenes, *Oração 23. Discurso contra Aristócrates*. Tradução nossa.
⁵ Faço aqui uma nota de agradecimento ao Prof. Gregory Fried (Suffolk University Boston) com quem, numa conversa informal, recebi a preciosa dica sobre a existência do tema nos escritos de Agostinho.
⁶ A Irmã Beneditina Gertrude Gilette afirma que embora Agostinho "não credite sua fonte, ele trouxe a definição de ódio (*odium est ira inveterata*) das Discussões Tusculanas de Cícero IV.9.21, que, por sua vez, a recebeu da tradição dos Estóicos.
⁷ Agostinho, A Regra VI. 2
⁸ Idem, Sermão 58-9. *Opera Omnia. Vol. V*. Paris: Bibliopolas, 1839, p. 487 (Tradução nossa, a partir da tradução original do latim para o alemão, gentilmente providenciada por Dr. Alessandro Iorio). Agostinho cita o Salmo 6,7 que, na tradução bíblica para o português, lê-se: "Já os meus olhos estão consumidos pela mágoa, e têm-se envelhecido por causa de todos os meus inimigos".
⁹ Gertrude Gillete. *The Four Faces of Anger: Seneca, Evagrius Pontius, Cassian and Augustine*. Lanham, University Press of America, 2010, p. 129.
¹⁰ Tomás de Aquino. *Suma Teológica*. Parte II Q. 34. Artigo I.
¹¹ John Donne. *The Works of John Donne*. vol. IV. London, John W. Parker, 1839, p. 169. (Tradução nossa)
¹² Evitarei abordar o tópico mais abrangente dos "crimes de ódio", embora reconheça a importância do fenômeno para uma análise sócio-histórica mais profunda. Do mesmo modo e pela mesma razão de delimitação de escopo, também as valiosas contribuições no campo da psicanálise não serão aqui discutidas. Com relação à questão do discurso do ódio em conexão com crimes de ódio, essa questão já foi abordada por mim em um artigo publicado especialmente sobre esse tópico. Ver: "Apontamentos sobre a questão ético-midiática na rede social." *Revista Esferas*. n. 4, 2014.
¹³ Obviamente, o extermínio em massa não é uma invenção alemã. Nem seria preciso mencionar eventos como o do extermínio de dezenas de milhões de nativos em todas as américas por sanguinários colonizadores britânicos, espanhóis e portugueses, dentre outros invasores europeus. Em outro contexto, eu poderia citar ainda os quase 5 milhões de africanos capturados e escravizados pelos portugueses, somente no Brasil, a maior e mais longa sociedade escravagista, que sobreviveu até o final do séc. XIX.
¹⁴ J. Paul Sartre. *O Ser e o Nada*. Open Road Media, 2012, p. 162
¹⁵ Idem, *La question juive*. Tradução nossa.

PÁG. 197

[16] Peter Trawny, *Heidegger e o Mito da Conspiração Judaica Mundial*. Trad. Soraya Guimarães Hoepfner. Rio de Janeiro, Mauad, 2015, p. 104.
[17] Jean-Luc Nancy, *La Haine, Le Sens Coagulé*. Outubro de 2013. (Manuscrito gentilmente cedido pelo autor; tradução nossa.)
[18] Ver Jacques Rancière, *La Haine de la Démocratie*. Paris, La Fabrique, 2015.

BIBLIOTECA VILÉM FLUSSER

Inspirada na pesquisa de doutorado de Rodrigo Maltez Novaes e em seu trabalho no Arquivo de Berlim, a Biblioteca Vilém Flusser seguirá uma organização cronológica baseada na produção do filósofo tcheco-brasileiro, algo que nunca antes foi feito. Será dividida também em quatro vertentes: monografias, cursos, ensaios-artigos e correspondência. Rodrigo Petronio será responsável pela fortuna crítica e pelos textos de apresentação e de situação de cada livro, tanto no interior da obra de Flusser como no contexto da filosofia do século XX. Esse tipo de organização arquivista poderá servir como modelo para novas recombinações e reedições ao redor do mundo.

A Biblioteca Vilém Flusser se pretende aberta e plural. Deseja contar com a participação de grandes pesquisadores da obra de Flusser e também de artistas, escritores e novos leitores que mantenham um diálogo intenso com o filósofo. Apesar de a maior parte da sua obra ter sido produzida em português, a parte alemã dos seus escritos é a internacionalmente mais conhecida, e ainda pouco traduzida para o português. Por isso, outro objetivo da Biblioteca é trazer ao leitor brasileiro a produção de Flusser em outros idiomas e ainda inédita em língua portuguesa.

Outro ponto alto do projeto será a edição de sua vasta correspondência com intelectuais de todo o mundo, e, em especial, com Milton Vargas, Celso Lafer, David Flusser, Sergio Rouanet, Dora Ferreira da Silva, Vicente Ferreira da Silva e Abraham Moles. Longe de ser um mero apêndice a seus livros e ensaios, a correspondência revela uma das essências do legado de Flusser: a inspiração radicalmente dialógica, perspectivista e polifônica de seu pensamento.

Rodrigo Maltez Novaes é artista plástico, tradutor e editor. Trabalhou na reorganização geral do Arquivo Vilém Flusser de Berlim, onde foi pesquisador residente (2009-2014), além de ser um dos responsáveis por sua digitalização integral, projeto feito em parceria com a PUC-SP e Fapesp. Desenvolve doutorado sobre Flusser na European Graduate School (Suíça), e lecionou na Universidade de Arte de Berlim. Em 2012, cofundou o Metaflux Lab, pelo qual lecionou sobre a obra de Vilém Flusser como professor convidado na Universidade de Edimburgo, Universidade Humboldt, Centro de Design Interativo de Copenhagen, Instituto Sandberg, Universidade de Design de Lucerna, Universidade de Newcastle e Universidade de Lüneburg. Traduziu diversas obras de Flusser do português para o inglês, para editoras como a University of Minnesota Press, Atropos Press, Metaflux e Univocal. Foi editor do *Caderno Sesc_Videobrasil 12* 2017 (Edições Sesc), e de algumas obras de Flusser escritas originalmente em inglês. Atualmente é Editor Chefe da Metaflux Publishing. Vive e trabalha em São Paulo.

Rodrigo Petronio é escritor e filósofo. Autor, organizador e editor de diversas obras. Doutor em Literatura Comparada (UERJ). Desenvolve pesquisa de pós-doutorado no Centro de Tecnologias da Inteligência e Design Digital (TIDD | PUC-SP), sob supervisão de Lucia Santaella. Professor Titular da Faculdade de Comunicação da Fundação Armando Álvares Penteado (Facom | FAAP), onde é professor-coordenador de dois cursos de pós-graduação: Escrita Criativa e Roteiro para Cinema e Televisão. Desenvolveu doutorado-sanduíche como bolsista Capes na Stanford University, sob orientação de Hans Ulrich Gumbrecht. Formado em Letras Clássicas (USP), tem dois Mestrados: em Ciência da Religião (PUC-SP), sobre o filósofo contemporâneo Peter Sloterdijk, e em Literatura Comparada (UERJ). Membro do Laboratório de Estudos Pós-Disciplinares do Instituto de Estudos Brasileiros da Universidade de São Paulo (IEB-USP). Organizador dos três volumes das Obras Completas do filósofo brasileiro Vicente Ferreira da Silva (Editora É, 2010-2012).

VOCÊ PODE INTERESSAR-SE TAMBÉM POR:

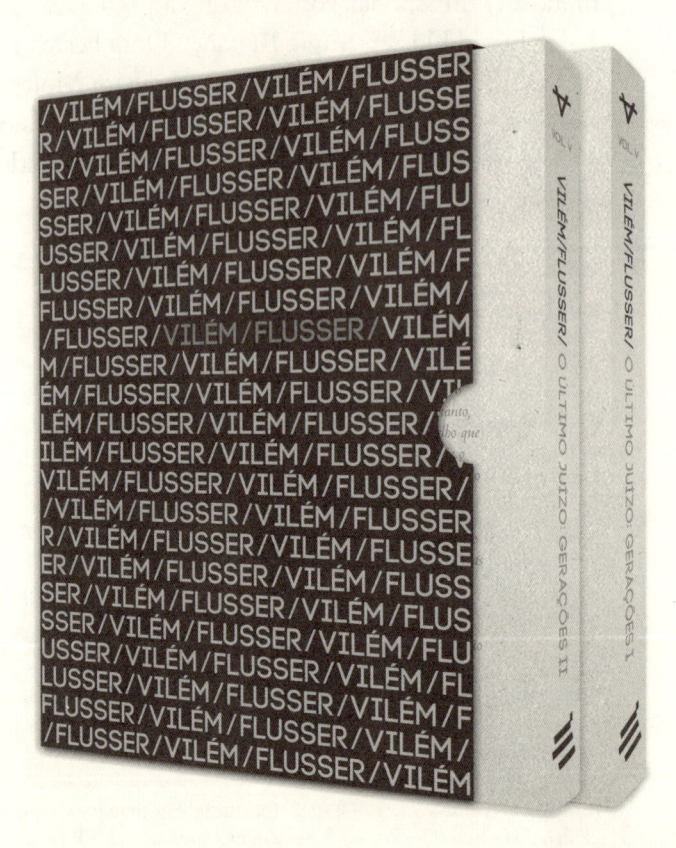

A maior obra escrita por Vilém Flusser, inédita em qualquer idioma. Nela, o filósofo tcheco radicado no Brasil – e mundialmente reconhecido como pioneiro na reflexão sobre novas tecnologias – propõe uma "história subjetiva da ontologia moderna". Empregando as noções de culpa, castigo, maldição e penitência, ele explora o modo como desde os que antecederam a modernidade até os homens de hoje veem e lidam com o mundo. Mais sutis do que épistèmès ou "paradigmas", o que temos aqui são gerações, que, por seu caráter contínuo, já indicam que o Último Juízo, tantas vezes anunciado – dada a religiosidade inata à linguagem e à vida –, nunca é verdadeiramente o último. Ou, como a contemporaneidade permite enunciar (e este é o seu drama): o Último Juízo já aconteceu. Neste cenário, surgem quatro figuras a compor o nosso tempo: o aparelho, o funcionário, o instrumento e o programa.

facebook.com/erealizacoeseditora

twitter.com/erealizacoes

instagram.com/erealizacoes

youtube.com/editorae

issuu.com/editora_e

erealizacoes.com.br

atendimento@erealizacoes.com.br